5-Minute Spanish Short Stories

Advanced Beginner to Upper Intermediate

Cover design by MiblArt

ISBN-13: 9781778027802

New to Audible?

Listen to this book for free!

SCAN HERE

MORE SPANISH LEARNING RESOURCES

Happen to be into Spanish slang?

Get a free copy of this book on our website at spanz2a.com !

CONTENTS

WELCOME

HELLO peeps!

Welcome to the family! Here, we are all about the fun and beauty of language learning, and we are happy that we get to be a part of your journey. Mastering a language is not an overnight achievement, but it does not have to be a solo journey either. We are here to make the process as fun as possible for you. That said, it also means you are stuck with me for the moment - no te preocupes, I'm not gonna spit on you.

¿Están listos? Race you to the next page!

-Carrot

HOW TO USE THIS BOOK

1. Story

Every story is written by a native speaker and is crafted with a certain cultural flavor to represent a Spanish-speaking country. The goal is to introduce you to the lovely diversity of the Spanish-speaking world and to give you a glimpse of their unique culture and slang.

Sad (!) disclaimer: Though we LOVE every single one of them just as much, not all Spanish-speaking countries are represented in this book. Big hugs to all of them!

2. Vocabulary

Terminology explanations come right after the story. Don't forget to jot down your own vocabulary and translation!

3. Summary

Each story comes with a summary in English so that you can check your comprehension of the story.

4. Questions

To further test your comprehension! At the end of each story, there will be 5 simple (en serio) questions to check your understanding of the story. The answers are on the next page- oye, no hagan trampa, cariños.

5. Extra tools

There is an array of other awesome resources out there you could use to make your reading experience more complete: dictionaries, online forums, Spanish grammar books… the list is longer than my neck.

There are so many amazing tools you could choose from - otra vez, that's the beauty of language learning. Es muy flexible.

QUICK TIPS

1. Keep other learning resources handy for a quick reference. Suggestions: dictionaries, grammar books, search engines (only for relevant information, peeps! No straying off the path!)

2. It is expected that you will come across unfamiliar words that aren't in bold or explained later. Feel free to scribble your own notes and translation! Personalize the book! Ideally, at the finishing line, this book should be a mess of notes. The messiest wins. And the winner gets a bucket of fresh carrots, how does that sound?

3. It is absolutely, totally, and completely fine to not understand everything. We are in this together, and we are here to learn. Cheers to brain workout!

4. If you are reading the stories along with the audiobook, why not try the shadowing technique (repeating after what's been said) to exercise your pronunciation?

5. Have fun! You're reading in another language, ¡qué chévere es eso!

DOS KILOS DE TORTILLAS

E. Morfin de la Parra, México

El olor a **mole** llenaba toda la cocina. Doña Cata estaba cansada pero contenta. Después de trabajar duramente toda la mañana, por fin había terminado de preparar la comida. Se había esforzado mucho en hacerla especial, pues era día de festejos. En el pueblo se celebraba la fiesta de la Inmaculada Concepción.

Se puso a repasar una vez más para estar segura de que no olvidaba nada:

—¿Pollo con **mole**? Listo.

—¿Agua de **horchata**? Listo.

—¿Frijolitos? Listo.

—¿Arroz? Listo.

—¿Tortillas? ¡Tortillas! ¡Faltan las tortillas! ¡Paquito, ven para acá **mijo**, te necesito!

—¡Voy mami! —Se oyó contestar a una voz infantil **escaleras** arriba.

Unos momentos después, el **rostro** de un niño de unos seis años **se asomaba** por la puerta de la cocina.

—¡**Mijito**, necesito que vayas corriendo por unas tortillas! Toma veinticinco pesos, me compras dos kilos y con lo que sobre te compras un dulce.

El **rostro** del pequeño se iluminó solo de pensar en el dulce. **Asintió** sin mayor **preámbulo**, recibió las monedas en su manita y se fue en busca de dos kilos de tortilla dando **brinquitos** de alegría por la calle.

Era un hermoso día. El sol brillaba con toda su fuerza, pero por todos lados había árboles y **buganvilias** que **brindaban** su **sombra** y sus alegres y vivos colores.

Ahí estaba la casa de Pedro, el amigo de Paquito. El lunes habían quedado para jugar a las **canicas** en el recreo. Pedro era muy bueno y siempre terminaba ganando, nadie era rival para él, pero Paquito había estado practicando y estaba seguro de que pronto lo **vencería**. Quizá incluso se atrevería a apostarle unas papitas con salsa.

Ya estaba tan cerca de la **tortillería** que el aire comenzaba a oler a masa recién horneada. De pronto, al pasar frente a la tienda de **abarrotes**, algo en el escaparate llamó su atención. Rápidamente volvió sobre sus pasos y se pegó al cristal. Sus ojos no le mentían: ¡la nueva figura de Batman! Era demasiado bueno para ser verdad, pero de todos modos ahí estaba, esperándolo en el interior de la tienda.

Entró con la confianza de quien conoce su propósito en esta vida. Nunca había estado tan seguro de nada como de que se llevaría ese juguete con él ese día.

—Buenos días, señor Rodríguez.

—Buenos días, Paquito. ¿En qué te puedo ayudar? —Contestó el amable hombre, divertido, al ver al niño tan emocionado y seguro de sí mismo.

—¿Cuánto cuesta el Batman?

—¿El Batman?

—Sí, el Batman.

—Cuesta treinta pesos.

Todo se **derrumbó** en ese momento dentro del pobre Paquito. Las lágrimas corrieron a sus ojos y un **nudo** le cerró la **garganta**. Él solo tenía veinticinco pesos. No podría llevarse con él aquel tesoro.

—¿Qué te pasa **chamaco**?

—Es que… yo… yo…

Ya no pudo decir nada más. Conteniendo el llanto con todas sus fuerzas, **metió** la mano en el bolsillo y le mostró las monedas al señor.

—¡**Híjole**! —dijo el señor, comprendiendo el predicamento del pequeño y **amañando** rápidamente una solución. —¡Ay, ya me acordé! Me equivoqué Paquito, ese no cuesta treinta, cuesta veinticinco.

El **rostro** del niño cambió tan rápidamente como unos momentos atrás. Su cara recobró el brillo, se secó las lágrimas y nuevamente alargó la mano.

—¿Me lo da, por favor?

—¡Cómo no, mi niño! Aquí tienes —dijo el señor Rodríguez sonriente, recibiendo el dinero con una mano y entregando el juguete con la otra.

—¡Muchas gracias, señor! ¡Nos vemos!

—Nos vemos Paquito, salúdame a tu mami.

El niño ya no estaba escuchando. Salió disparado de la tienda con el brazo estirado y su nuevo juguete en la mano. Voló por los aires con su imaginación, corriendo y **girando**, haciendo unos efectos sonoros de acción muy convincentes.

Pensó entonces en enseñarle el **hallazgo** a su madre. ¡Qué contenta se pondría al ver lo que encontró en la tienda del señor Rodríguez! Corrió, pues, a casa con el juguete en alto y **tarareando** la canción de Batman.

¿Y las tortillas? ¡Quién sabe! Paquito definitivamente no se acordaba de ningunas tortillas.

VOCABULARY

mole (m.): a Mexican sauce comprising mainly chocolate and hot pepper

horchata (f.): a sweet beverage made by soaking white rice in water and later flavoring it with cinnamon and sugar

mijo(a): a contraction of mi hijo(a), meaning my child

escaleras (f.): stairs

rostro (m.): face

asomarse: to peep out or to appear

mijito(a): a diminutive of mijo(a)

asentir: to nod or to agree

preámbulo (m.): preamble

brinquito (m.): a diminutive of brinco (jump)

buganvilias (f.): bougainvilleas

brindar: to offer or to give

sombra (f.): shade

canicas (f.): marbles. The game varies from region to region.

vencer: to defeat

tortillería (f.): tortilla shop

abarrote (m.): un abarrote is similar to a convenience store except that it is typically owned and operated by the locals

derrumbarse: to be devastated

nudo (m.): a lump (in one's throat)

garganta (f.): throat

chamaco(a): little one, toddler, or kid

meter: to stick something into something

¡Híjole!: an expression of surprise

amañar: to invent or to make up (a story, rumor, excuse, etc.)

girar: to spin around

hallazgo (m.): discovery or finding

tararear: to hum or to sing to oneself

SUMMARY

A homemaker sent her son, Paquito, down the street to buy two kilos of tortillas for lunch. The little boy came across an action figure in a store on his way and, in his excitement, forgot all about what he'd been tasked to do. Paquito went into the store and was sad to find that the toy cost 30 pesos. As Paquito dejectedly showed that he only had 25, the store owner said that he had in fact gotten the price wrong, thus selling the action figure to Paquito for 25. In his innocence, Paquito headed back home, the toy in his hand and his heart full of joy.

CUESTIONARIO

1. ¿Por qué la mamá de Paquito estaba preparando una comida especial?

a) Se le antojó.

b) Tenía mucha hambre.

c) Era su deber con su hijo y su esposo.

d) Quería celebrar la fiesta patronal del pueblo.

2. ¿Qué le pidió a Paquito su mamá?

a) Que se comprara lo que quisiera de la tienda.

b) Que comprara un juguete para él.

c) Que comprara dos kilos de tortillas.

d) Que comprara dos kilos de tortillas y un dulce para él.

3. ¿Por qué Paquito había estado practicando con sus canicas?

a) Para ganarle a todos en la escuela.

b) Para divertirse más jugando a las canicas.

c) Para poder ganarle a su amigo Pedro.

d) Para convertirse en un jugador de canicas profesional.

4. ¿Por qué se puso triste cuando el señor Rodríguez le dijo el precio del juguete?

a) No le alcanzaba.

b) Sintió que lo estaban estafando.

c) Es un llorón.

d) El juguete ya estaba apartado.

5. ¿Qué fue lo que hizo el señor Rodríguez por Paquito?

a) Le regaló el juguete.

b) Cambió la etiqueta del precio.

c) Le dio un descuento sin que el niño se diera cuenta.

d) Le aventó el juguete a la cara.

D
D
C
A
C

LAS MEJORES GUAGUAS DE PAN

Jess H., Ecuador

Debo admitir que cuando era joven odiaba las tradiciones familiares, pero hoy, no podría estar más feliz de utilizar el Día de Muertos como excusa para compartir y recordar. Supongo que ahora entiendo porque siempre ha sido tan importante para mis padres. Así que, aquí me tienen, viajando cientos de kilómetros solo, poniendo mis compromisos en pausa para estar juntos, aunque sea un rato.

Aprovecho para reflexionar, escuchar algo de música y, de repente, un pensamiento invade mi mente. Iba tan emocionado y enfocado en el encuentro, que no había considerado algo muy importante: ¡No llevo nada que ofrecer! Me **reto** a mí mismo por no pensar antes en eso. ¿Cómo podría ser tan maleducado de no llevar nada?

En seguida, recorro el camino en mi mente pensando dónde puedo hacer una parada y corregir mi error. Pero claro, ¡las **guaguas de pan** de don Emilio! Debo **desviarme** un poco, pero valdrá la pena.

Don Emilio fue nuestro vecino por muchos años. Él tenía una pequeña tienda en su casa y mi **ñaña** y yo lo recordábamos muy bien por los dulces que nos daba.

Mi **ñaña**: Verá don Emilio, no le diga a mi mamá o a mi papá que nos ha dado dulces porque nos **retan**.

Don Emilio: Tranquila mi niña, no diré nada.

La realidad era que mis padres compraban los dulces, pero para no tenerlos en casa y que nos los comiéramos en un solo día, don Emilio, que ya era parte de la familia, de alguna forma los ayudaba a administrarlos. Igual, el primero de noviembre de cada año llegaba con sus famosas guaguas de pan.

Don Emilio: **Veci**… aquí les traigo para las **guaguas** de la casa, decía (aunque en realidad eran para compartir).

Mi padre: Gracias don Emilio, ya no llegábamos a comprar sus famosas guaguas de pan.

Mi madre: Bueno, solo falta la **colada morada**, ¡ya mismo la hago! Gracias, don Emilio, por dejarme lo más fácil.

Pero don Emilio vivía **arrendado** y en algún momento tuvo que irse. Recuerdo el luto que mi **ñaña** y yo vivimos, la decepción de dos **guaguas** a quienes se les fue el señor de los dulces. ¡Mi primera desilusión! Claro que mis padres estaban más preocupados por cómo administrarían los dulces ahora.

Con esta idea en mente, tomo la salida previa a la que va a casa de mis padres, a donde sabíamos que se encontraba la nueva tienda de don Emilio, aunque nunca antes habíamos ido. Y como no podía ser de otra manera, allí me encuentro con un gran y elegante local, atendido por Susana, la hija de don

Emilio. La reconocí de inmediato.

Yo: ¡Hola Susana! ¿Cómo estás?

Susana: ¡Qué bueno verte! Vienes por las **guaguas de pan**, ¿verdad?

Me quedé helado… Años sin verlos y esa pregunta me tomó **desprevenido**.

Susana: Aquí están.

Yo: Pero ¿cómo sabías?

Susana: Mi papá recibió una llamada de tus padres. Le dijeron que venías en camino y que vendrías por las **guaguas de pan**. Él salió a comprar unas cosas, pero me dijo: "**Pilas**, que la guagua de doña Carmen viene por el pan" y que lo apartara porque se acaba muy rápido en esta fecha.

Yo: Gracias…

Solo gracias, nada más. No salgo de mi impresión. Me siento un momento a tomar un café y compartir un poco más con Susana que tenía mucho que contar. Aunque no tenía la respuesta que yo buscaba, fue agradable compartir con ella y recordar cosas del pasado. Luego de unos minutos, me dispuse a seguir mi camino con mil cosas en la cabeza. Llego a casa, nos saludamos con mucha emoción y, por un momento, logré olvidar lo que sucedió antes y todas las preguntas que traía.

Comenzamos el compartir, cogí un vaso de esa deliciosa colada morada que solo mi mamá sabía hacer y, al dar el primer mordisco a la guagua de pan, ahí estaba mi memoria de nuevo. Suelto de una vez…

Yo: Mamá, ¿cómo sabías que iba a buscar las guaguas de pan de don Emilio antes de venir?

Mi mamá: Porque mis guaguas están bien educadas y nunca llegarían de visita con las manos vacías.

No tuve que preguntar más. Lo demás me quedó claro. Su seguridad al predecir mis acciones era sorprendente, tierna y, por qué no decirlo, un poco atemorizante. Es que definitivamente madre solo hay una y ¡guaguas de pan como las de don Emilio, también!

VOCABULARY

retar: to chastise or to tell off

guagua (f.): (Ecuador, especially the Andean region) child. This word is derived from wa-wa in Quechua, an indigenous language of Ecuador.

guaguas de pan (f.): sweet breads that are shaped like children and made to celebrate the Day of the Dead in Ecuador. They are most common in the Andean region.

desviarse: to stray off the original path

ñaño(a): a way to address your brother or sister in Ecuador. It could also be used with people you are close to.

veci: vecino. Veci is used to address people of the same community or someone you frequently run into in the area.

colada morada (f.): a traditional drink that goes with las guaguas de pan. It is typically made using purple corn flour, fruits, and spices.

arrendar: to rent or to lease

desprevenido(a): to be taken aback or to be caught off guard

pilas (f.): literally batteries but in Ecuador, it could mean to be alert, vigilant, or prepared for a situation that could happen

mordisco (m.): (a) bite

atemorizante: scary or frightening

SUMMARY

The protagonist is traveling back to visit his family. On the way, he realizes he has forgotten to bring along something to give them. He goes off the route to stop in Don Emilio's store for his *guaguas de pan*. When he gets there, Don Emilio's daughter, Susana, says that they are already expecting him as his parents have called ahead and said that he would drop by. The protagonist is dumbfounded by how well his parents know him. He later gets home and enjoys *las guaguas de pan* with his family.

CUESTIONARIO

1. ¿Por qué era tan importante para el protagonista tener algo que llevar a casa de sus padres?

a) Porque sus padres le dijeron que hiciera eso.

b) Siente que le debe algo a sus padres.

c) Porque sus padres le enseñaron que era mala educación llegar con las manos vacías.

2. ¿Por qué don Emilio le regalaba dulces al protagonista y a su ñaña?

a) Porque eran amigos.

b) No se los regalaba, administraba los dulces que compraban los padres del protagonista.

c) Porque les tenía aprecio y lo hacía para demostrarlo.

3. ¿Cómo se llama la madre del protagonista?

a) Luisa.

b) Sara.

c) Carmen.

4. ¿Cómo supo la madre del protagonista lo que llevaría de obsequio?

a) Porque lo conoce muy bien.

b) Porque se lo pidió.

c) Porque el protagonista le dijo que lo haría.

5. ¿Cuántos hermanos tiene el protagonista?

a) 2.

b) 1.

c) Ninguno, solo tiene una hermana.

C
B
C
A
C

LA SEMANA SANTA DE JUAN

Marta H., España

Es abril. La primavera ha llegado a España. Las flores empiezan a salir y apenas llueve. La primavera es una época de alegría, pero este año será más especial que nunca.

Nos encontramos en el aeropuerto de Jerez, en Cádiz. Juan, un joven de veinticinco años, acaba de bajar del avión y se reencuentra con su madre. Juan ha vuelto de trabajar en Alemania durante tres años. En estos tres años nunca pudo ver a su familia.

Madre: ¡Mi niño, por fin nos vemos! ¡Cuánto te **echaba de menos**!

Juan: Yo también, mamá. Ha sido un **bastinazo** estar allí solo durante tanto tiempo.

Madre: Bueno, ya estás en casa y ahora puedes contarnos tu experiencia. Vamos, vámonos a casa ya.

En España, especialmente en Andalucía, abril no es solo un mes especial por la primavera. En muchas ciudades hay ferias, por ejemplo. Juan ama la Semana Santa. La Semana Santa es una festividad con origen religioso, sin embargo, es parte de la tradición del pueblo andaluz, así que para muchas personas es más que un sentimiento religioso. Juan no es religioso, pero su familia le enseñó el valor de las tradiciones de su tierra.

En la Semana Santa de Andalucía, las iglesias sacan a **desfilar** pasos. Los pasos son **carrozas** que llevan encima figuras que representan momentos de la Biblia; estos pasos desfilan por toda la ciudad con cantos, rezos o música.

Es Jueves Santo, por fin. Es el día en que el paso del Nazareno sale a la calle. Juan tiene muchos amigos allí y por fin podrá volver a verlos.

Pepe: ¡**Illo**, Juan! ¡Cuánto tiempo, **tío**! Qué alegría volver a verte, sobre todo, en este día tan especial.

Juan: Alemania **molaba**, pero nada como estar aquí de nuevo, **illo**.

Él y sus amigos se preparan para el gran momento.

Llegó la hora. Es el momento más especial del año. Aquel momento que no vivía desde hace tres años. Va a salir con sus amigos y ver al público como siempre.

Pepe: ¡A **petarlo**!

Juan: ¡Sí!

El cortejo del paso sale de la iglesia. Juan observa el cielo azul. No parece que vaya a llover. Todo va bien. Llegan a la plaza principal. Allí ocurre algo extraño. El desfile llevaba mucho tiempo parado. De repente, un grupo de gente con túnicas empieza a llegar de otra dirección. Esas personas son la familia de Juan. La familia de Juan ama la Semana Santa, por supuesto, pero nunca participan en el desfile, solo de público. Juan está muy sorprendido con lo que está ocurriendo.

Madre: ¡Mi niño, estamos aquí! Tenía muchas ganas de que llegara este día. Hemos preparado esta sorpresa para ti. Hemos estado tres años separados y queríamos crear un nuevo recuerdo. Una fiesta nos pareció muy simple. Así que decidimos acompañarte en tu momento.

Juan: Mamá… ¿Qué es esto…? Esto es un **bastinazo**… Voy a llorar.

Pepe: Lo han hecho por ti, Juan.

Juan: ¿**Illo**, tú lo sabías? Sois los mejores. Mamá, abuela, todos. Ahora entiendo por qué teníais tanta **bulla**…

El público observa este emotivo momento y empieza a aplaudir. Juan empieza a llorar y el público también. El momento más especial de Juan se convierte también en el momento más especial del público. Ahora vuelven a disfrutar con nuestros seres queridos. Juan no podría estar más feliz de estar con sus amigos y familia nuevamente.

VOCABULARY

echar de menos: to miss e.g. Te voy a echar de menos (I'm going to miss you)

bastinazo (m.): In Cádiz, this term can either stand for something that is really good or something that is downright awful. E.g. Ese libro es un bastinazo (That book is really good), Hoy en el trabajo he hecho muchas tareas, ha sido un bastinazo (Today, at work, I have done many tasks, it was awful).

desfilar: to march

carroza (f.): parade float

illo(a): derived from chiquillo(a), this Andalusian term can be used as a versatile interjection for doubt, shock, awe, anger etc. It can also be used to get the attention of someone e.g. ¡Illo, tienes que ver esto!

tío(a): a slang representing the whole of Spain, this term is used to address people as one would use "bro", "dude", or "guy" in English e.g. No llegues tarde, tío. It could also be used to refer to people in general e.g. ¿Qué está haciendo esa tía?

molar: to be great or to like something e.g. Ese libro mola (That book seems great to me / I like that book)

petarlo(a): to succeed in something or to nail something. Vamos a petarlo. = ¡Podemos hacerlo!

bulla (f.): haste, hurry. In this case, tener bulla is equivalent to tener prisa.

SUMMARY

Juan was in Germany for work and hasn't been back home for the past three years. Finally, he gets to return during his favorite time of the year: Easter. In Andalusia, the Holy Week is an important celebration and Juan is looking forward to seeing his friends again. It later turns out that Juan's family has prepared a surprise for him - they rarely participate in the parade, but this year they wanted to do something special to celebrate Juan's return so they decided to be part of the parade. Juan is overwhelmed and couldn't be happier to be there with his friends and family again.

CUESTIONARIO

1. ¿Por qué a Juan le gusta la Semana Santa?

a) Porque es religioso.

b) Porque a sus amigos les gusta.

c) Porque su familia le inculcó esos valores.

d) Porque es tradición de Andalucía.

2. ¿Qué son los pasos?

a) El movimiento de los pies.

b) Carrozas con figuras religiosas.

c) Figuras de la Virgen.

d) Zonas de una iglesia.

3. ¿Quién es Pepe?

a) Amigo de Juan.

b) Colega de Juan.

c) Primo de Juan.

d) Padre de Juan.

4. ¿Qué sucedió en la plaza principal?

a) La gente empezó a aplaudir.

b) Llegó un nuevo grupo de gente.

c) Empezó a llover.

d) Pepe habló con Juan.

5. ¿Por qué la madre de Juan eligió esta sorpresa?

a) Porque le haría más feliz.

b) Porque una fiesta no era suficiente.

c) Porque habían pasado tres años.

d) Porque Pepe se lo recomendó.

C
B
A
B
B

EL CALLEJÓN QUE SUFREN TODAS

Nicolas M., Colombia

—Mira, ya llegó mi taxi, cuando llegue te escribo. ¡Te amo!

Tatiana entró al taxi y vio en la **planilla** que el nombre del taxista era Arturo, le tomó una foto y le mando la **ubicación** a todos sus conocidos. Ella le indicó que la llevara al barrio Patio Bonito, uno de los lugares más peligrosos de la ciudad de Bogotá. Don Arturo permaneció en silencio en gran parte del recorrido y de un momento a otro prendió el radio, donde empezaron a sonar tangos que le sacaron una sonrisa a Tatiana.

—Señorita, ¿le gustan los tangos?

—Sí, señor, es la música que escucho con mi papá.

—Es que esa música es una belleza, **¿sí o no?**

—Claro que sí, yo los amo.

—Ya me **cayó bien**, es que a los jóvenes solo le gusta esa música toda **guisa** del reguetón.

—Pues a mí el reguetón no me disgusta, pero los tangos son muy bonitos.

Las voces se silenciaron en el pequeño vehículo y las notas tristes de los tangos bailaron por el lugar, las luces de los postes se reflejaban en las ventanas y Tatiana sintió la calma del viaje, poco a poco se acercaba a su casa, el taxi entró al barrio y pasó por un callejón que conectaba la avenida principal con su casa, solo tenía que dar vuelta, atravesar el callejón y llegar **sana y salva**, pero un ruido estruendoso detuvo el carro y don Arturo hizo un gesto de rabia.

—**¡Juepucha!**, otra vez se estropeó el motor.

—Ay, señor, no, y ya llegando. ¿Cuánto le debo, entonces?

—No, señorita, pues deme diez mil.

—Tome.

—Qué pena con usted **dejarla tirada**.

—No se preocupe.

Tatiana sí estaba preocupada porque ahora tenía que recorrer ese callejón oscuro y protagonista de tantos hechos terribles en el pasado. Recordó cuando vio que se hacían peleas callejeras entre **barristas** y salían corriendo cuando la policía llegaba al llamado de los vecinos, y también recordó cuando una vez, llegando de noche, un hombre la persiguió casi hasta la puerta de su casa.

Pasó por la puerta del colegio, donde descansan cuatro perros muy amigables, ella siempre los **consentía** y les daba pan cuando caminaba por ahí. Pensó que si los **acariciaba** podrían defenderla, podía convencerlos de que la acompañaran hasta la casa, pero sus ojos se llenaron de tristeza tras verlos al otro lado de la **reja** que funcionaba como puerta para el colegio. Los perros pasaron a convertirse en una preocupación, porque empezaron a **ladrarle** a una persona que se acercaba a lo lejos y ellos solo les **ladran** a los desconocidos.

Tatiana empezó a caminar más rápido, casi corriendo. Pero el peso del mundo le cayó en los hombros cuando escuchó unos pasos que iban detrás de ella, el pánico se la tragó y la dejó **sorda**. La imagen que la perseguía empezó a decirle algo, pero ella decidió no escuchar y caminar más rápido. Instintivamente cogió sus llaves para abrir la puerta, aunque todavía no estaba al frente de su casa.

La suerte le sonrió, pues su madre estaba viendo por la ventana cómo llegaba y notó que venía rápido. Para cuando Tatiana llegó a la puerta de la casa, ella ya la estaba esperando y entró como un rayo para **resguardarse** en los brazos de su madre.

—¿Qué quiere y por qué viene persiguiendo a mi hija?

—No, señora, es que se le quedó el celular en el taxi.

Tatiana llorando le respondió:

—Discúlpeme, don Arturo, es que estaba muy **asustada**.

—No, pues dígamelo a mí, que me tengo que devolver solo.

VOCABULARY

planilla (f.): a sheet that shows the taxi driver's data and the charging system for the trip

ubicación (f.): location

¿sí o no?: yes or no? This question typically comes with the expectation of an affirmative answer.

caer bien: to make a good first impression or to get along well with someone

guiso(a): though *guiso* means stew, in Colombia it could refer to someone of a low social class or someone that exhibits uneducated behaviors. In this story, however, it is an adjective signifying grotesque or rude.

sana y salva: safe and sound

¡Juepucha!: an interjection for when something bad happens

dejar a alguien tirado(a): to leave someone to their fate

barristas (m.): a colloquial Colombian term referring to dangerous soccer fans that steal from others or pick fights with fans of the other team

consentir: to spoil or pamper

acariciar: to pet (an animal)

reja (f.): metal railing

ladrar: to bark

sordo(a): to be deaf

resguardarse: to seek shelter in something

asustado(a): to be frightened

SUMMARY

Tatiana was heading home in a taxi, and she was having a pleasant chat with the driver and taking in the tranquility when suddenly the taxi broke down. She then had to make her way home by walking through a dark and dangerous alley. Tatiana started remembering the terrible incidents that had taken place in that alley and became anxious. She came across four familiar dogs that were locked inside a school, and when she heard footsteps behind her, she picked up her pace until she saw her mother. Tatiana ran into her mother's arms before realizing that the person coming after her was the taxi driver, looking to return the phone she'd left behind in the car.

CUESTIONARIO

1. ¿Qué tipo de música es guisa para don Arturo?

a) El rock.

b) El reguetón.

c) El tango.

2. ¿Por qué Tatiana tuvo que llegar a su casa caminando?

a) Porque se sintió ofendida con don Arturo.

b) Porque el taxi de don Arturo se descompuso.

c) Porque don Arturo puso música que no le gustaba en el taxi.

3. ¿Por qué los perros no defendieron a Tatiana?

a) Porque estaban dormidos.

b) Porque se asustaron al ver a una persona extraña.

c) Porque estaban encerrados en el colegio.

4. ¿Por qué Tatiana tenía tanto miedo?

a) Porque sus papás la iban a regañar por llegar tarde.

b) Porque vive en un barrio peligroso y tenía que caminar por él de noche.

c) Porque no le gustaba que la vieran desde las ventanas del barrio.

5. ¿Quién era el que seguía a Tatiana por detrás?

a) Un perro.

b) Su mamá.

c) El taxista.

B
B
C
B
C

EL MUSEO DEL PRADO

Fran C., España

Madrid tiene uno de los museos más importantes del mundo. Cada día miles de personas entran, madrileños y turistas. Sin embargo, Carlos no es una de esas personas. A Carlos no le interesa el arte en absoluto, así que nunca ha visitado el Museo del Prado, aunque él vive en la ciudad desde hace más de diez años.

Por eso, cuando Carlos vio la llamada de Lidia, una vieja amiga, en la pantalla de su móvil, él no pudo imaginar lo que quería.

Carlos **pulsó** el botón verde de su móvil y saludó: "Hola, Lidia. ¿Cómo estás?".

Lidia inmediatamente le respondió: "Hola, Carlos. ¡Qué alegría hablar contigo! La semana próxima trabajo en turno de tarde, así que puedo quedarme el domingo completo. Es una ocasión perfecta. ¡Este **finde** voy a visitarte!".

Carlos se quedó en silencio. Solo quería **ganar tiempo** para digerir la información. Lidia iba a ir a Madrid.

Lidia volvió a hablar: "Bueno, solo si te parece bien. Si tienes otro plan, no pasa nada".

Carlos reaccionó **como un rayo** esta vez: "No, no, no. No tengo ningún plan. Por supuesto que me parece bien".

"Oye, por favor, tenemos que ir al Museo del Prado. Tengo muchas ganas. Seguro que tú puedes ser un **guía** fantástico después de tantos años en Madrid".

Carlos respondió sin pensar: "Por supuesto, soy un experto en ese museo". Un segundo después se dio cuenta de su error. Se había metido en un problema.

Lidia se alegró y se despidió: "Genial, tío. Espero aprender mucho contigo. Nos vemos".

Él pensó: "¡Qué desastre! ¿Qué puedo hacer? Voy a quedar en ridículo…".

Inmediatamente, Carlos decidió que la única cosa que podía hacer era estudiar durante la semana. Tenía que aprender todo sobre el Museo del Prado. Entonces, cogió su **ordenador**, entró en la página web del museo y empezó a leer. Diez minutos después, ya estaba aburrido de intentar memorizar fechas, datos, estilos y nombres de pintores. Pensó: "esto es imposible, hay demasiada información". En ese momento vio un enlace en la parte de debajo de la página y abrió muchísimo los ojos. Ahí estaba la solución a su problema. Carlos sonrió, se relajó y se fue a dormir muy tranquilo.

El resto de los días de la semana, Carlos no volvió a entrar en la web del museo.

Cuando Lidia llegó a la ciudad, él le dijo: "Podemos ir a la Puerta del Sol esta mañana, luego podemos comer en un bar típico y por la tarde iremos al Parque del Retiro. Mañana por la mañana vamos al **rastro** y después comeremos en el Mercado de San Miguel. Y, para terminar, el plan estrella: por la tarde vamos al Museo del Prado".

Lidia respondió: "Sí, me parece muy bien. Me gusta dejar lo mejor para el final".

Todo el programa del fin de semana salió perfecto. Lidia estaba encantada con todos los lugares que visitaron y Carlos estaba disfrutando el poder pasar tiempo con ella. Estaban en el Mercado de San Miguel y habían terminado de comer. Empezaron a andar hacia el museo. Carlos miró su reloj. Las cuatro de la tarde. Entonces le propuso a Lidia: ¿Tomamos un café antes de la visita?".

Ella aceptó y se sentaron tranquilamente en una **terraza**. Aunque era primero de noviembre, hacía sol y una temperatura agradable. Estuvieron cuarenta y cinco minutos antes de continuar su camino. Carlos volvió a mirar su reloj varias veces. Ya estaban muy cerca del Museo del Prado, pero Lidia estaba extrañada y preguntó: "Oye, ¿no piensas que hay muy poca gente por aquí? Creía que normalmente estaba todo lleno de turistas y de **guiris**".

Él contestó: "Sí, es raro. Pero bueno, estamos en temporada baja".

Estaban a pocos metros de la puerta del museo y no había casi nadie. Solo algunos pocos turistas salían del edificio y nadie estaba esperando para entrar. Carlos dijo: "No hay cola, vamos a poder entrar rápidamente". Miró el reloj una vez más. Eran casi las cinco. Llegaron a la puerta, donde había un empleado del museo que no permitía pasar a nadie. Lidia preguntó: "¿Por qué? ¿Qué pasa?".

El empleado **señaló** con su dedo un cartel que estaba al lado de la puerta. El cartel decía: "NUEVO HORARIO DE INVIERNO: LUNES – SÁBADO: DE 10.00 A 20.00 HORAS;

DOMINGO: DE 10 A 17.00 HORAS".

Lidia no podía creerlo. Carlos puso cara de sorpresa, pero en el interior estaba sonriendo. Había evitado el mayor ridículo de su vida.

VOCABULARY

pulsar: to press (a button) or to click

finde (m.): a colloquial way of saying weekend

ganar tiempo: to buy time (to do something or to think)

como un rayo: like lightning; swiftly; quickly

guía (m./f.): guide

ordenador (m.): computer

rastro (m.): flea market

terraza (f.): patio (outdoor dining space)

guiri (m./f.): foreigner

señalar: to point to or to gesture towards something

SUMMARY

Carlos has lived in Madrid for many years, but he has never been interested in arts and does not know much about the Prado Museum, one of the most important museums in the world that is situated right in his city. When his friend, Lidia, called to announce that she was coming for a visit and would like him to show her around the museum, Carlos made the mistake of claiming that he was an expert in the place. Carlos resorted to studying for a while to equip himself with information, but he soon found another solution. On the day he was supposed to show Lidia around the museum, Carlos bought time by showing her other places and proposing activities so that when they finally got to the museum, it was "unfortunately" already closed.

CUESTIONARIO

1. Carlos es un fanático del arte:

a) Verdadero.

b) Falso.

2. ¿Por qué está ansioso Carlos cuando habla por teléfono con Lidia?

a) Porque no le cae bien.

b) Porque no entiende las cosas que dice.

c) Porque no sabe qué quiere.

3. ¿Cuál es el primer plan de Carlos para saber más del Museo del Prado?

a) Leer libros de arte.

b) Estudiar la página web del museo y aprender de memoria la información.

c) Hablar con un amigo experto.

4. ¿Por qué Lidia puede quedarse el domingo entero en Madrid?

a) Porque ha dejado su trabajo.

b) Porque el lunes solo trabaja por la tarde.

c) Porque no va a trabajar la semana siguiente.

5. ¿Qué sorprende a Lidia cuando ya están cerca del museo?

a) Hay pocos turistas alrededor.

b) Carlos mira mucho su reloj.

c) No es normal tener un museo abierto los domingos.

B
C
B
B
A

UN VIAJE A CARACAS

Paola Valencia, Venezuela

Caracas, la ciudad más poblada de Venezuela. Se eleva cerca de novecientos metros encima del nivel del mar y cuenta con una extensa escena urbana, donde personas de todas las edades se reúnen a practicar sus actividades favoritas. Su clima es frecuentemente considerado como su mejor característica. Una ciudad de luces, vida nocturna y belleza natural llega a ser constantemente foco de los turistas extranjeros que buscan aventuras.

Ese mismo fue el caso Phillippe, un viajero de Estados Unidos que amaba incursionar en ambientes tropicales y que hacía poco había decido incursionar en el aprendizaje de nuevos idiomas. Phillippe, ansioso de practicar su español, decidió que visitaría Caracas, la popular capital de Venezuela.

Saliendo del aeropuerto de **Maiquetía** iba a tomar un taxi para ir al centro de la ciudad de Caracas, pero en el último momento lo **detuvo** un **caraqueño** que también acababa de bajar de un vuelo.

—Hola, **vale.** ¿Todo **fino**? —preguntó el **caraqueño** a Phillippe.

El extranjero, ansioso, no sabía qué contestar y con todos sus esfuerzos intentó dar la mejor respuesta que podía. Sin embargo, poco había entendido y lo que dijo no tenía mucho sentido. Tomó el taxi que ya lo esperaba y, ya en camino, el conductor le preguntó a dónde se dirigía.

—Señor, debo ir al centro de la ciudad, al hotel donde reservé —respondió mientras sacaba un papel **arrugado** del bolsillo—. No sé cómo se llama, pero queda aquí.

Cuando por fin llegaron al hotel, después de dar muchas vueltas, Phillippe se sintió aliviado, contento de poder dejar sus maletas e ir al teatro, solo que esta vez iría caminando.

Después de una hora se sentía cansado y no encontraba el teatro, así que preguntó a un hombre que pasaba frente a él.

—¡Hola, caballero! ¿Me puede indicar donde queda esto, por favor? —Preguntó mientras mostraba una dirección que tenía escrita en un papel.

—¡Hola! ¿No eres el **musiú** del aeropuerto? —Dijo el hombre mientras tomaba el papel en la mano—. Estás muy cerca, solo debes caminar derecho dos cuadras y luego cruzar a la izquierda, ¿**vale**?

—Me confunde señor, no soy ningún **musiú**, soy un simple viajero —dijo mientras agarraba el papel de vuelta—. Gracias por indicarme la dirección.

—Un **musiú** es un extranjero, ¿**vale**? —Le explicó el hombre—. A dónde vas es la zona de las **sifrinos**, esa gente nunca la pasa **chimbo**.

Phillippe estaba **apurado** ya que se perdería la función si seguía hablando, así que se despidió y siguió el camino. Dio muchas vueltas, no conocía bien qué era la izquierda y la derecha en español, o qué era exactamente una cuadra, hasta que se encontró en el mismo lugar donde le había pedido ayuda al hombre que él recordaba como: "el hombre que usa palabras extrañas". Siguió al pie de la letra las indicaciones que él le había dado, con ayuda de un diccionario que siempre llevaba consigo en su mochila y cuando llegó no había ningún teatro allí.

Sintiéndose frustrado, Phillippe pensó que aquel hombre le había dado mal la dirección, puesto que el teatro no estaba allí. Caminó hasta que se encontró de nuevo con él por casualidad.

—¿Cómo te fue en la zona de los **sifrinos** de Caracas? Nada **chimbo**, ¿verdad? —le pregunto a Phillippe.

—No he podido llegar a ningún lugar, la dirección que usted me indicó está equivocada —le respondió.

—**¡Sí, Luis!** —Dijo el hombre en tono sarcástico—. Miré bien la dirección y es exactamente dónde te indiqué.

—Si sus indicaciones hubieran sido correctas, yo estaría en el teatro —dijo Phillippe.

—La dirección que me diste es para llegar al centro comercial de las Mercedes, no para ir al teatro, ¿**vale**? —dijo asombrado.

Phillippe sacó el papel de su bolsillo y se lo dio al hombre para que lo viera con **detenimiento**, esperando a que este aceptara que se había equivocado.

—Es para ir al centro comercial, si quieres ir al teatro es completamente en sentido contrario —

dijo mientras miraba el papel—. Si me hubieras dicho que querías ir al teatro, inmediatamente te hubiera comentado que allí no era. Ahora estamos bastante lejos del teatro.

—Eso sí que es **chimbo** —dijo Phillippe y ambos comenzaron a reír.

VOCABULARY

Maiquetía: a local way of referring to the Simón Bolívar Airport, which is considered to be the most important airport in all of Venezuela

detener: to stop

caraqueño(a): someone from Caracas; from Caracas

vale: a word used in Caracas to refer to a person, man or woman

fino(a): good, pleasant, nice, or positive

arrugado(a): crumpled

musiú: a Venezuelan term that signifies foreigner (typically white-skinned, blue-eyed, or golden-haired). Synonymous with *gringo.*

sifrino(a): somebody who conspicuously belongs to or pretends to belong to a high social class. Also functions as an adjective.

chimbo(a): in Venezuela, it means to be lousy and of bad quality

apurado(a): to be in a hurry

¡Sí, Luis!: an expression used in Venezuela to sarcastically tell someone you don't believe what they have just said. In English, it could be "yeah, right".

detenimiento (m.): detail.

SUMMARY

A foreigner named Phillippe ventured into the city of Caracas. He felt lost because he did not know the city nor the local slang. Phillippe met a man at the beginning of his journey and continued to run into the same person. He ended up asking the man for directions to a theatre, but it turns out that Phillippe had had the wrong address this whole time. Phillippe did not arrive at the theatre as planned but he had learned some local slang and even made a friend in the city.

CUESTIONARIO

1. Phillippe se vio limitado al comunicarse por…

a) No conocer bien el idioma.

b) No tener demasiado interés en lo que los demás decían.

c) Ser demasiado tímido para hablar con las personas.

2. El personaje principal de la historia se caracteriza por ser…

a) Agresivo.

b) Ansioso.

c) Poco amigable.

3. Finalmente, Phillippe aprendió a usar palabras propias de la ciudad, ¿cómo lo hizo?

a) Escuchando, dedujo el contexto y el significado.

b) Lo buscó en su diccionario.

c) No aprendió a usar las palabras propias de la ciudad.

4. El personaje principal de la historia prefería anotar las direcciones porque…

a) Sentía pánico al hablar debido a que el lenguaje de los demás lo confundía.

b) Era más preciso y así no olvidaría la dirección.

c) No tenía interés en hablar con las personas.

5. Phillippe finalmente se da cuenta de su error en la dirección, sin embargo, no se enojó. ¿Por qué?

a) Porque había encontrado un nuevo amigo con el que podía practicar español.

b) De una manera u otra había recorrido la ciudad.

c) Phillippe sí se enojó cuando se dio cuenta de su error.

B
B
A
A
A

UN DÍA CON MI QUERIDA ABUELA

Jess H., Ecuador

Aunque es muy temprano aún, ya mi madre se fue a trabajar. Como todos los días, pasará muchas horas en la oficina y no la volveré a ver hasta después de que **se oculte** el sol. Me levanto y, como siempre, ahí está mi abuela, ya muy activa desde temprano, con su falda colorida y sus **trenzas** en el cabello. Amo sus **trenzas**, ella me enseñó a hacerlas en mi cabello, pero casi nunca las hago, simplemente no me quedan tan bien.

Disfruto mucho su compañía y trato de ayudarla en ciertas labores que, a pesar de su edad, insiste en realizar. Acostumbra a cargar cosas super pesadas y no le gusta recibir ayuda.

Yo: Buenos días.

Mi abuela: **Mija, deme trayendo** la **funda** de **tela** que está en la mesa.

Yo: **Ya mismo** le paso.

Mi abuela: **Apúrele**, María, que se me hace tarde.

Como no quería que saliera sola, me cambio de ropa muy rápido y corro a alcanzar su **funda de tela**. Me indica que su intención es ir a la feria a comprar frutas. Aunque en realidad no tienen horario, siempre dice que es bueno ir temprano a hacer la compra para elegir lo más fresco y no lo que sobra.

Mi abuela: ¿Qué pasó con la **funda**?

Yo: Aquí está y su sombrero también, no se olvide. Me demoré porque quiero acompañarla y tuve que regresar por una **casaca** antes de salir.

Mi abuela: Ya **mija**, vamos que se hace tarde.

Cogemos el bus 7 que nos deja frente a la feria y, al llegar, enseguida veo que su cara cambia. Estaba contenta de poder enseñarme lo que sabía. Hace muchos años que no **cosechaba**, mi mamá no la dejaba porque era muy forzado para ella y venir a comprar frutas era reunirse con sus amigas, también **cholas**.

Mi mamá fue la primera en romper la tradición en la familia y, aunque a mi abuela no le gustó la decisión, en su momento la entendió. Puede ser muy difícil para un **guambra** mantener la tradición. Deben aguantar muchas cosas en el colegio y muchos, como mi mamá, deciden olvidarlo y comenzar a vestirse como todos los demás.

Mi abuela: Ahí está **la Esther**. Venga.

Yo: Vamos. Así voy comprando algunas cosas mientras ustedes hablan.

Mi abuela: No, mejor yo elijo. Usted qué va a saber y después se deja robar con vegetales que no sirven para nada.

Yo: Está bien, está bien.

Simplemente era su especialidad y no me la quería ceder. Yo debía entenderlo, solo quería acompañarla para que no estuviera sola. La verdad, la admiro mucho por lo trabajadora y fuerte que es. No le tiene miedo a nada y siempre sale a resolver cualquier problema.

Hasta hace poco nos aceptó un celular, pero no le gustan las cosas materiales, no le parecen importantes. Para ella, la riqueza está en sus tierras para **cosechar** y ha sido muy difícil apartarla de eso, pero ya su salud se estaba afectando mucho con el sol y el esfuerzo.

Un segundo que me distraigo pensando en tonterías y…

Yo: ¡Abuela! Déjeme a mí…

Había montado en su espalda la **funda** de **tela** con todas las compras sin decir una sola palabra. ¡Creo que eran más de 20 kilos! Ya veníamos recorriendo todos los puestos de ventas de sus amigos y en todos había comprado algo, en muchos casos lo hizo solo para ayudarlos y, como excusa para hablar con ellos un rato, compraba cualquier cosa.

Me acerco inmediatamente y luego de discutir con ella e insistir un poco, accede a darme la **funda** de **tela** con la que ella, sin aparente esfuerzo, ya había avanzado unos metros. Decidida, cojo el paquete y repaso en mi mente la forma como ella, con mucha facilidad y en un solo movimiento, la llevaba a su espalda. Bueno, aquí voy. Me digo a mí misma: "Toma impulso hacia arriba y con el otro brazo la llevas a tu espalda". Así que: 1, 2 y 3… ¡Caigo al suelo junto a toda la compra que se riega a mi alrededor! Quedó inmóvil mientras mi abuela, sin decir nada, recoge todo, toma sus 20 kilos de nuevo a la espalda y muy cómoda me dice:

Mi abuela: ¿Lista para irnos?

Yo: Sí, abuela.

Mientras pasaba el dolor, yo veía a sus amigos reírse de la lección que acababa de aprender.

VOCABULARY

ocultarse: to hide

trenza (f.): braid

mija: *mi hija.* This can be used to address someone whom you see or treat as a daughter.

deme trayendo: *tráeme*; bring me (something)

funda (f.): In Ecuador, this is a bag to carry your purchases in. *La funda* can be made from fabric, plastic, or even paper.

tela (f.): fabric

ya mismo: right away; right now

apúrele: hurry up; another way of saying *apúrate* or *apúrese*

casaca (f.): jacket. A clothing used to cover oneself from the cold or rain.

cosechar: to harvest

chola: a woman of indigenous or mixed heritage in Ecuador. Features typically associated with *cholas* include traditional long skirts, colorful clothes, braids, and Panama hats.

guambra (m./f.): kid

La Esther: up in the mountains, the article *la* or *el* is usually used before a name e.g. *La María, El José*

SUMMARY

María accompanies her grandmother to go buy some fruits at the market. She knows that her grandmother's actual intention is to see her old friends there, with whom she shares fond memories and common customs. María gets lost in her own thoughts for a moment and in that brief distraction, comes to notice that her grandmother is already trying to mount a heavy purchase onto herself. She quickly intervenes, falls over with the weight of the purchase herself, and realizes that they still have a long way to go.

CUESTIONARIO

1. ¿María tenía pensado realizar la compra?

a) Sí, como todos los lunes.

b) No, pero quería acompañar a su abuela.

c) No estaba segura si ir ese día.

2. ¿Por qué María nunca se trenzaba el cabello?

a) Porque no sabe cómo hacerlo.

b) Porque no le gustan las trenzas.

c) Porque piensa que no le quedan tan bien como a su abuela.

3. ¿Cuál era la razón por la que la abuela de María quería ir temprano a comprar?

a) Para saludar a sus amigos.

b) Para regresar temprano a casa.

c) Para comprar fruta fresca.

4. ¿Por qué la abuela de María ya no tenía cosechas?

a) Porque se cansó de cosechar.

b) Porque su hija no la dejaba.

c) Porque tenía mejores cosas que hacer.

5. ¿Por qué la mamá de María no siguió con la tradición de ser chola?

a) Porque no aguantó las burlas en el colegio de joven.

b) Por llevarle la tradición a su mamá.

c) Porque le gustaba más la ropa que usaban los demás.

B
C
C
B
A

MACHU PICCHU BAJO LA LLUVIA

Araceli L., Perú

Machu Picchu, ¿te **suenan** estas palabras? Tengo muchas historias sobre este mágico lugar, aunque la primera vez que visité Machu Picchu no fue tan mágico porque llovía tanto y había tanta **neblina** que no pude ver nada. Felizmente volví muchas otras veces más gracias a mi **chamba**. Igual no importa mucho el clima, Machu Picchu en sí siempre es **¡bacán!**, siempre es **¡chévere!**

Pero empecemos desde el principio, empecemos con una historia basada en creencias locales sobre la manera de ver el mundo, sobre todo el mundo espiritual.

Hace muchos años, por ahí de los 1400, el Perú fue un gran imperio conocido como el Imperio de los Incas.

Este próspero reino era tan grande que se extendía por casi toda Sudamérica. Sus pobladores eran trabajadores, ingeniosos y vivían en armonía con la naturaleza.

La grandeza del imperio fue, en gran parte, gracias al inca Pachacútec. Su nombre significa "el transformador del mundo" en quechua, idioma nativo aún hablado en algunas localidades de la sierra del Perú.

Pachacútec era un excelente guerrero, gran visionario y un rey devoto.

Un día, el gran emperador estaba en el templo realizando su **homenaje** habitual al dios Sol, Padre de los Incas, cuando oyó una voz:

—Mi hijo, mi elegido —dijo el Sol—. Tu misión ahora es construir una **ciudadela** cerca del cielo, una **ciudadela** eterna para dioses y hombres.

—Pero Padre ¿cómo voy a hacer eso? —preguntó el emperador.

—No temas mi **wawa**, nuestros **waykis** de la naturaleza están siempre contigo para guiarte, —respondió el dios.

Así, al terminar su **homenaje** al Sol, aparecieron ante el inca los tres animales sagrados. El cóndor, ave mensajera de los dioses enviada desde el cielo; la serpiente, sabia protectora de la vida eterna, y el puma, **audaz** felino guardián de la Tierra, mundo de los hombres.

—Me envía tu padre para mostrarte el camino a la montaña Machu Picchu, una montaña cerca del Cielo —dijo el cóndor.

—Tu padre pidió una **ciudadela** para toda la eternidad. Para eso, debes unir las piedras perfectamente una sobre otra, lado a lado, sin dejar ningún espacio entre ellas. También debes construir los **muros** ligeramente inclinados y las **terrazas escalonadas** —añadió el puma.

—Pero el secreto para crear una **ciudadela** eterna es controlar sabiamente el agua —concluyó la serpiente—. Ahí llueve mucho y debes evitar las **inundaciones**. La mejor forma de hacerlo es construir canales para drenar el agua después de usarla en fuentes y cultivos.

—Gracias **wayki** cóndor, **wayki** puma, **wayki** serpiente —dijo el inca.

Así, el emperador comenzó su camino desde la ciudad del Cusco, capital del imperio. Cruzaron la **cordillera** de los Andes, desde la sierra hasta la selva, en dirección a la montaña Machu Picchu.

Miles de hombres, mujeres e incluso **wawas**, se unieron a la misión, todos unidos para cumplir el mandato divino.

Y así lo hicieron. La nobleza inca, ingenieros, arquitectos, **sacerdotes**, agricultores y **albañiles**, trabajaron por años para construir una de las **ciudadelas** más impresionantes del imperio.

Más de 500 años después, la imponente **ciudadela** de Machu Picchu sigue ahí. Ha sobrevivido al tiempo, los terremotos y ¡a la lluvia!

Quien no sobrevivió a la lluvia aquella primera vez fui yo. ¡Quedé totalmente **empapada**! No llueve todo el tiempo, normalmente llueve entre los meses de noviembre a marzo, pero cuando llueve, ¡llueve!

Los **cholos** tenemos creencias muy relacionadas a la naturaleza, así que la segunda vez que fui a Machu Picchu, que también llovió, intenté algunas de las costumbres para "**espantar**" a la lluvia.

¿Cuáles son estas costumbres? Hay varias.

Puedes dibujar tres cruces en el aire en dirección al cielo. Puedes clavar un tenedor o un cuchillo en la tierra (eso debe ser para pedirle a la Madre Tierra el "favorcito"). Puedes reventar **fuegos artificiales**. Puedes **soplar** las nubes.

¿Cuál de las costumbres funcionó? Bueno, no tenía un tenedor o un cuchillo ni mucho menos fuegos artificiales porque **estaba chambeando**; así que soplé, soplé muy fuerte.

¿Funcionó? No exactamente. ¡Pero finalmente la pude ver en todo su esplendor! ¿A quién? Pues a la misteriosa, hermosa y mágica **ciudadela** de Machu Picchu, orgullo de los **cholos** del Perú, regalo de los dioses para la humanidad.

VOCABULARY

sonar: to seem familiar or to ring a bell e.g. *¿Te suenan estos nombres?* (Do these names ring a bell with you?)

neblina (f.): mist

chamba (f.): work; job

bacán, chévere: great; awesome

homenaje (m.): homage

ciudadela (f.): citadel; fortress

wawa (f.): child, infant. This word has its origin in Quechua and mimics the sound of crying babies.

wayki: (Quechua) brother, friend

audaz: brave, bold, or daring

muro (m.): wall

terraza (f.): terrace

escalonado(a): to be terraced or organized in steps

inundación (f.): inundation or flood

cordillera (f.): mountain range

el sacerdote, la sacerdotisa: priest(ess)

albañil (m./f.): builder or constructor

empapado(a): to be wet through or soaked

cholo(a): a person that is half European and half indigenous. In Peru, it is also an affectionate word used to address friends.

espantar: to scare or frighten. In the context of the story, it means to stop (the rain).

fuegos artificiales (m.): fireworks

soplar: to blow

chambear: to work

SUMMARY

The author starts off by telling the legend behind the construction of Machu Picchu, wherein ruler Pachacútec was called upon by the gods to build a fortress for both gods and men. Three sacred animals were sent down to guide Pachacútec: the condor, the serpent, and the puma. Thousands of people joined in the mission to build the fortress, which to this day remains standing. There is a number of traditional customs to "stop the rain", but the author once ended up getting caught in a heavy one anyway. Despite that, she was able to witness the grand splendor of Machu Picchu after.

CUESTIONARIO

1. El Imperio de los Incas se extendía por los actuales países de:

a) España, Portugal, Francia.

b) Chile, Perú, Ecuador.

c) México, Canadá, Estados Unidos.

2. Pachacútec fue:

a) El mejor guerrero del Perú.

b) El elegido del Sol.

c) El idioma que hablaban los Incas.

3. La ciudadela de Machu Picchu:

a) Está en la selva peruana.

b) Está dentro de la ciudad del Cusco.

c) Fue idea de los animales sagrados.

4. Machu Picchu ha sobrevivido tantos años principalmente porque:

a) Fue una misión divina.

b) Es una gran construcción gracias al trabajo de unos 500 hombres.

c) Supieron usar y drenar las abundantes lluvias.

5. Una de las costumbres para espantar a la lluvia en la sierra del Perú es:

a) Cantar al cielo.

b) Dibujar una cruz en el aire en dirección al cielo.

c) Usar fuegos artificiales.

B
B
A
C
C

NOCHE DE ASADO

Anónimo, Argentina

Era la tarde del jueves cuando Manuel (uno de mis amigos, que recientemente se graduó de arquitecto) propuso en nuestro grupo de chat que nos juntáramos en la casa de sus padres a comer un **asado** el sábado a la noche, comentando además que tenía algo importante que contarnos.

De los asistentes Juan se encargaría de las **gaseosas**, Diego llevaría las ensaladas y el carbón, Bruno la **picada** y Mariano (que es nuestro **asador** estrella) se encargaría de comprar la carne. "Carne" es una forma decir, ya que además del **asado de tira** también íbamos a comer varias **achuras**: **chinchulín, tripa gorda** y chorizo.

Llegó el sábado y llegué a la casa de Manuel, y como los demás ya estaban ahí empezamos con los preparativos.

Lo primero es prender el fuego, ya que, a diferencia de cuando uno cocina algo en el horno, el

asado a la **parrilla** lleva mucho tiempo. Una vez que uno enciende el carbón (ayudándose con un poco de papel de diario para que el fuego tome velocidad), debe esperar alrededor de media hora a que se formen las **brasas** y ahí recién se coloca la carne, que **tardará** alrededor de una hora más en cocinarse.

Mientras Mariano terminaba de **encender** el fuego y Diego condimentaba las ensaladas, Bruno comenzó a preparar la **picada**. Teníamos pan, salame y queso, junto con algunos *snacks* (maní, papas fritas). Como el **asado** tarda más de una hora, es fundamental contar con una buena **picada** para esperar el plato principal.

Una vez que todo estuvo listo nos sentamos a la mesa y empezamos a degustar la **picada**. Era evidente que todo estaba muy rico, porque un par de minutos después, el único sonido que se escuchó fue el "tsssss" de la carne cocinándose en la **parrilla**.

Finalmente, Bruno rompió el silencio con una polémica declaración sobre un partido de fútbol que hubo la semana pasada. Vale aclarar que esto es algo muy común en nuestros encuentros, no hay reunión de amigos en la que no se discuta de fútbol.

"Esto ya está listo **muchachos**, despejen la mesa que en 5 minutos llevo la carne", interrumpió Mariano. Entonces empezamos a ordenar todo: mientras Juan levantaba la tabla con la **picada**, los demás acomodamos los platos, las ensaladas y servimos **gaseosa** en unas copas de vidrio.

Luego Mariano llegó con una **fuente** de **acero** en la que tenía **chinchulines**, **tripa gorda** y chorizos. Nos fuimos sirviendo nuestras **achuras** favoritas (yo soy un amante de los **chinchulines**) y todo estaba tan rico que no pude evitar levantar mi copa y pedir "¡Un aplauso para el **asador**!", lo que provocó una ovación de todos hacia Mariano.

Comimos como si no hubiera un mañana, a las **achuras** les siguió una **bandeja** repleta de costilla (**asado de tira**). En un momento, Manuel comenzó a golpear su copa con el tenedor para llamar nuestra atención.

"**Muchachos**, tengo un anuncio que hacer. Estuve hablando con la constructora dónde empecé a trabajar como arquitecto y me comentaron que les gustó mucho mi laburo, por lo cual decidieron hacerme un contrato por dos años. Así que estuve haciendo números… ¡y decidí que me voy a mudar solo!", comentó Manuel.

Inmediatamente todos empezamos a felicitarlo: "¡Bien ahí, Manu!", le dije. "Entonces el próximo **asado** lo invitás vos", bromeó Diego mientras Bruno le daba unas palmadas en la espalda y Mariano le **chocaba los cinco**.

Finalmente, cuando terminamos de comer ayudamos a acomodar todo (juntar la mesa, lavar los platos y demás), me despedí de mis amigos y, tras dejar a Diego en su casa, llegué a la mía a eso de las 12, listo para dormir luego de haber pasado una gran noche con mis amigos. **Panza llena, corazón contento**.

VOCABULARY

asado (m.): an Argentinian national dish made by grilling meat above charcoal or firewood. *El asado* is not just about food, it is mainly a social event whereby people spend time with friends or family, typically on weekends.

gaseosa (f.): soft drink or soda

picada (f.): another very popular dish in Argentina, wherein chorizo, cheese, and milanesa are cut into small portions and later eaten with bread. You can also add olives, pickled vegetables, potato chips, peanuts, and other snacks to it. (Note: *picar* means to chop or cut something into small pieces).

asador (m.): while it could refer to a grill, in this story it refers to the person who does the *asado*. *Un asador* typically knows where to get the best meat, how to season it, and how to prepare the fire.

asado de tira (m.): a popular cut of meat for the *asado*, usually the ribs of cows or pigs

achuras (f.): entrails and internal organs of an animal

chinchulín (m.): beef small intestine

tripa gorda (f.): literally "fat intestine", it is the end section of cattle intestine

parrilla (f.): grill

brasa (f.): ember

tardar: to take (a period of time)

encender: to light (fire)

muchacho: an informal way to refer to a male friend, similar to the word "dude"

fuente (f.): serving dish or plate

acero (m.): steel

bandeja (f.): tray or platter

chocar los cinco: to high-five

panza llena, corazón contento: a saying that refers to the satisfaction after having a good meal. Another way to say it is *barriga llena, corazón contento.*

SUMMARY

The protagonist met up with his five other friends for a roast night and he explains to the readers how a typical roast night goes. From getting the ingredients to cleaning up, each person is responsible for different tasks. It is also mentioned that a football discussion is very common on such an occasion. At the end of the gathering, one of the friends, Manuel, announced to the group that he had secured a two-year contract at work and was going to move out to live by himself. The others went on to congratulate him before ending their meeting on a good note.

CUESTIONARIO

1. ¿A qué se dedica Manuel?

a) Es músico.

b) Es arquitecto.

c) Es doctor.

2. ¿Por qué los amigos comen la picada antes del asado?

a) Porque el asado no tenía suficiente carne.

b) Porque el asado demora más de una hora en hacerse.

c) Porque no tenían ensaladas.

3. ¿Qué les anunció Manuel a los amigos?

a) Se iba a casar.

b) Consiguió un contrato de dos años.

c) Se mudaría fuera del país.

4. ¿Quién hizo el asado?

a) Juan.

b) Bruno.

c) Mariano.

5. ¿Qué comieron de postre?

a) Helado.

b) No comieron postre.

c) Torta de chocolate.

B
B
B
C
B

MARIPOSAS EN EL ESTÓMAGO

Helena M., España

Era un día espectacular en Barcelona, el sol brillaba y los pájaros cantaban, y yo estaba de muy buen humor, preparándome para la cita que tenía con Pablo por la noche. Estaba muy contenta y tenía muchas ganas de verlo, pero también estaba muy nerviosa.

Pablo era un chico muy listo y amable, y a mí me gustaba bastante, me hacía sentir **mariposas en el estómago** y no podía evitar estar nerviosa al pensar en él.

—Anna, ¿has desayunado ya? —Mi madre me habló desde la cocina.

—¡No mamá! Ahora voy. —Le respondí mientras iba hacia allí.

—¡Pero qué guapa estás Anna! Pablo se va a quedar **boquiabierto** cuando te vea.

—¡Pero qué cosas dices mamá, muchas gracias!

—Así que mi niña siente **mariposas en el estómago** por ese Pablo... ¡Qué bonito es el amor! —Dijo con una sonrisa en la cara—. No estés nerviosa querida, todo va a salir bien.

—Sí mamá, seguro que sí. —Dije mientras **me sonrojaba**—. ¿Qué hay para desayunar?

—**Churros**, tus favoritos Anna.

—Tú sí que sabes cómo hacer un día espectacular todavía mejor mamá, muchas gracias.

—De nada querida, ya sabes que te quiero y disfruto cuidándote.

—Sí mamá, lo sé, yo también te quiero mucho. —Dije mientras probaba un churro—. ¡Qué bueno está!

—Son los **churros** de tu **churrería** favorita, quería darte una sorpresa hoy para que estés contenta y preparada para tu cita.

—¡Mamá! ¡Ya basta de hablar de mi cita con Pablo! Siéntate a desayunar conmigo o me acabaré todos los churros yo sola.

La hora a la que habíamos quedado llegó y yo salí a la calle a coger el metro para encontrarme con Pablo en Plaza España, una de las plazas más famosas de la ciudad de Barcelona y que estaba en el centro de la ciudad.

El plan era comer juntos y luego ver una película en el cine.

Pablo era de Inglaterra, así que íbamos a ir a comer a un restaurante español para que probara nuestra comida: unas **tapas**, una tortilla de patatas y una **birra** serían una buena **probadita** de nuestros platos típicos. Y la película era una romántica que Pablo había escogido.

—¡Hola Anna! —Pablo me saludó desde lejos. Estaba tan concentrada en mis ideas que me llevé un buen susto al oír su voz.

—Hola Pablo, ¿qué tal estás? —Le di un abrazo para saludarlo.

—Muy bien Anna, espero que tú también. ¿Lista para ir a comer a ese restaurante español? ¡Me muero de hambre!

—Claro. ¡Vamos!

Llegamos al restaurante y pedimos la comida: unas **tapas** de pan con jamón salado, una tortilla española, un poco de **paella** y un par de **birras**, todo comida local.

Los dos disfrutamos mucho de la comida, que estaba espectacular, pero sobre todo de la compañía, nos reímos y charlamos. Enseguida se hizo la hora de ir a ver la película, el tiempo se va volando cuando te lo pasas bien.

Llegamos al cine, compramos **palomitas**, un par de refrescos y entramos a la sala a ver la película.

A los cinco minutos de película nos dimos cuenta de que nos habíamos equivocado de sala y habíamos entrado a ver una película de superhéroes, ambos nos reímos, pero decidimos quedarnos y verla igualmente, así sería una sorpresa para ambos.

Además, poco importa la película que estés viendo o qué estés haciendo si estás en buena compañía, y nosotros lo estábamos.

Disfrutamos de la película, me fui contenta para mi casa a esperar a que llegara el fin de semana para volver a ver a Pablo e irnos a la montaña.

VOCABULARY

mariposas en el estómago: butterflies in the stomach. An expression used to describe nervousness or excitement, typically in a positive manner.

boquiabierto(a): open-mouthed; shocked and speechless

querido(a): dear. A sweet way to address someone, usually the younger ones.

sonrojarse: to blush (*sonrojar:* to make someone blush)

churros (m.): consisting of fried dough, *churros* are famous in Spain. They are usually eaten with chocolate sauce.

churrería (f.): a place where you can buy *churros* and other fried food. *Las churrerías* can be found on the street as street food stores.

tapas (f.): small dishes of food in Spanish cuisine, usually eaten as a snack or appetizer. There are so many different ones you'll surely be spoiled with choices!

birra (f.): beer

probadita (f.): little taste, bite, or sip of something

paella (f.): Spain's classic rice dish. Originally from Valencia, *la paella* mainly comprises rice, chicken, vegetables, and saffron. Seafood *paella* is super popular as well!

palomitas (f.): popcorn

SUMMARY

Anna was getting ready to go on a date with Pablo, and she had some *churros* with her mother before doing so. The plan for the date was to eat and then go watch a movie at the cinema. Upon meeting up with Pablo at Plaza España, both went to a Spanish restaurant and ordered some food. Later, they headed for the cinema to watch a romantic movie although five minutes into the film, they realized they had gotten into the wrong hall. Even so, they had a great time as good company is what matters.

CUESTIONARIO

1. ¿Por qué Anna está nerviosa?

a) Por su cita con Pablo.

b) Por futuros exámenes.

c) Porque llega tarde a la cita.

2. ¿Por qué la madre de Anna compra churros?

a) Para animarla.

b) Porque a Anna le gustan mucho.

c) Ambas son correctas.

3. ¿Por qué Anna se asusta cuando Pablo la saluda?

a) Porque Pablo habla muy fuerte.

b) Porque está muy distraída.

c) Porque Pablo la asusta a propósito.

4. ¿Por qué van a comer a un restaurante español?

a) Porque es la comida favorita de Anna.

b) Porque es la comida favorita de Pablo.

c) Para que Pablo pruebe la comida típica.

5. ¿Por qué deciden quedarse a ver la película de superhéroes?

a) Porque Anna la prefiere.

b) Porque es la película que iban a ver.

c) Porque es una sorpresa para ambos.

A
C
B
C
C

¿DÓNDE ESTÁ MI MÓVIL?

Fran C., España

Laura es una mujer joven, muy activa y un poco obsesionada con el trabajo. Además, es un poco caótica y desordenada. Laura siempre tiene prisa y vive con mucho estrés, así que deja las cosas en cualquier lugar y luego olvida dónde están. Sus padres y sus amigos le dicen habitualmente que debe vivir más tranquila. Ella sabe que es verdad, pero necesita ganar dinero y ahorrar para comprar una nueva casa más grande.

Hace dos semanas, Laura demostró una vez más su carácter desorganizado en el peor momento posible para ella.

Eran las ocho y media. Todavía tenía más de dos horas libres hasta la hora del evento. Salió al salón y se encontró con Alba, su compañera de apartamento. Se saludaron y empezaron una pequeña conversación. Alba le preguntó: "Bueno, ¿qué tal? ¿Estás nerviosa?". Laura sonrió y respondió: "La verdad es que sí. Hace muchos años que no hago una entrevista y esta oportunidad es muy buena". Alba le **echó flores** y le dio algunas recomendaciones: "Lo vas a hacer muy bien. Eres muy inteligente y trabajadora. Solo tienes que estar relajada y ser tú misma. Seguro que te van a dar el trabajo".

Efectivamente, el evento importante que Laura tenía a las once de la mañana era una entrevista de trabajo con una empresa multinacional. La entrevista iba a ser a través de videollamada, así que Laura se había ocupado de cuidar cada detalle.

Como todavía tenía un rato libre, Laura decidió ir al supermercado para relajarse antes de la entrevista. Fue hasta el supermercado e hizo la compra habitual, pero además compró champán para celebrar con su compañera si finalmente conseguía el trabajo. Regresó a casa, miró el reloj de la cocina y vio que solo faltaban veinticinco minutos para la entrevista.

Laura se fue a su habitación para revisar que los detalles estaban controlados. Todo estaba en orden. La silla y la mesa estaban perfectamente **colocadas**. La chaqueta formal estaba limpia y bien planchada. En ese momento, estaba segura de que todo iba a salir **a pedir de boca**. Sin embargo, Laura iba a darse cuenta de un pequeño detalle. **Estaba a punto de** sentarse en la silla, pero se quedó de pie y dijo para sí misma: "¿Dónde está mi móvil?".

No podía ser verdad. No sabía dónde había dejado su teléfono móvil. Rápidamente volvió hacia la cocina para ver si estaba sobre la mesa, pero no. Entonces empezó a ponerse un poco nerviosa. Fue a la calle para mirar si estaba dentro de su coche, pero no. Entonces se puso muy nerviosa. Entró de nuevo en casa gritando: "¿Dónde está mi móvil? ¿Dónde está mi móvil?". Alba escuchó los gritos desde su habitación y salió para preguntar: "¿Qué te pasa?".

Laura le explicó que no encontraba el teléfono y que quedaban pocos minutos para la llamada de la entrevista. Al mismo tiempo, comenzó a mover todos los objetos de la casa de manera desesperada.

Levantó todos los **cojines** del sofá del salón, abrió todos los armarios y revisó su habitación **de pies a cabeza**. Entonces, Alba le dijo: "Si el móvil no está en casa, quizás lo has perdido en el supermercado". Laura le contestó: "Claro, eso es. Seguro que alguien lo ha encontrado y lo tienen allí". Eran las once menos diez. Casi la hora de la entrevista.

Laura cogió el coche y llegó al supermercado en tiempo récord. Aparcó mal para no perder ni un minuto y entró al **local** gritando: "¿Dónde está mi móvil? ¿Quién lo tiene?". Los empleados del supermercado intentaron tranquilizarla, pero ella **estaba fuera de sí**. Al final, apareció el jefe de la tienda, le explicó que nadie había encontrado un móvil y le dijo que lo sentía mucho. En ese momento, Laura pidió perdón, salió lentamente hacia el aparcamiento del supermercado y comenzó a llorar junto a su coche. No tenía reloj, pero estaba segura de que ya eran las once. Iba a perder la gran oportunidad por culpa de su desorganización.

De repente, pasó algo inesperado. Laura notó una vibración en la parte de atrás de sus pantalones. Se quedó parada unos segundos y entonces se tocó con la mano el bolsillo trasero. ¡Ella había tenido el móvil desde el principio!

Y esta es la historia de cómo Laura consiguió un trabajo fantástico después de hacer la entrevista más extraña de su vida desde el aparcamiento de un supermercado.

VOCABULARY

echar flores a alguien: literal translation is to throw flowers at someone. To praise somebody or to say good things about somebody's talent, skill, personality, etc.

colocado(a): to be placed or positioned

a pedir de boca: just as planned or expected; smoothly

estar a punto de: to be about to happen or about to do something

cojín (m.): cushion or pillow

de pies a cabeza: literal translation is "from head to toes" but in this context, the phrase signifies thoroughly or completely

local (m.): an establishment or store

estar fuera de sí: to be really angry, not being able to contain emotions

SUMMARY

Laura can be a little careless and she tends to forget where she leaves her stuff. She had an interview call coming up one day and she made sure all was good to go. As she still had time before the call, she decided to head to the supermarket to relax. Later, when she got home to prepare herself for the interview, she realized she didn't have her phone on her. Laura got very worked up and rushed back to the store, demanding to know where her phone was. In the end, it turns out her phone had been in her back pocket all this while and Laura finished the interview in the supermarket's parking lot!

CUESTIONARIO

1. Laura está satisfecha con su trabajo actual:

a) Verdadero.

b) Falso.

2. ¿Qué quiere comprar Laura?

a) Una casa grande.

b) Un móvil nuevo de última generación.

c) Un coche.

3. ¿Por qué compra Laura una botella de champán en el supermercado?

a) Porque quiere hacer una fiesta.

b) Porque espera celebrar que le den el trabajo.

c) Porque le gusta comprar cosas diferentes a lo habitual.

4. ¿Por qué Alba sale de su habitación?

a) Porque es la hora de desayunar.

b) Porque prefiere estar en el salón.

c) Porque Laura está gritando.

5. ¿Desde dónde se conecta finalmente Laura a su entrevista de trabajo?

a) Desde dentro del supermercado.

b) Desde el aparcamiento del supermercado.

c) Desde su habitación con todos los detalles bien preparados.

B
A
B
C
B

LA NIÑA QUE QUERÍA ESTUDIAR

E. Morfin de la Parra, México

En un pueblo llamado la Ciénega vivía una pequeña niña llamada Maricarmen. Afortunadamente, la Ciénega era uno de los únicos pueblos de la montaña que contaba con una escuela primaria y, ese verano, Maricarmen comenzaría el primer año. Estaba feliz y emocionada de aprender a leer y a escribir. Algo había en los libros que la atraía de manera inexplicable. Su mamá no se sentía tan emocionada como su hija por el primer día de clases. A su manera de verlo, estudiar era una pérdida de tiempo. Según ella, valía más aprender a trabajar lo antes posible y dejarse de tonterías.

Maricarmen **se destacó** rápidamente en todas sus clases, llegando a ser la primera del salón. Antes de que acabara el año ya había leído todos los libros, no solo de primero, sino también los de segundo y tercero. En matemáticas estaba tan adelantada que ya sabía multiplicar y dividir sin ningún problema. Los demás niños la llamaban "**ñoña**", "**matada**" y muchas cosas peores, pero a ella no le importaba ni un pepino.

Fue en estos años en los que se dio cuenta de la gran miseria en la que vivían todos en su pueblo, en su ciudad y en su país. No quería vivir de esa forma. Ella quería algo más. Su maestra le había dicho que los estudios podían ser una puerta de entrada a otros países. Desde entonces, se quedó con la idea de que debía seguir estudiando y ser la mejor para salir de México y vivir una vida mejor en otro lugar.

Al año siguiente, Maricarmen fue **inscrita** en un colegio en Orizaba. Enviar a la niña a una escuela en la ciudad representaba tremendos esfuerzos para la pobre familia. Había que hacer sacrificios para poder pagar los cuadernos y útiles escolares y los camiones de ida y regreso.

Maricarmen pasó rápidamente a ser la mejor alumna de todo el colegio. Impresionados con la inteligencia y el **desempeño** de la niña, sus profesores no dudaron en enviar cartas de recomendación a la prestigiosa Escuela Preparatoria Número Seis en la gran Ciudad de México, para que Maricarmen pudiera continuar sus estudios allá. Poco tiempo después llegó la noticia de que había sido aceptada y el pueblo entero lo celebró. Se hizo fiesta en el atrio de la iglesia y hubo **tamales** y **atole** para todos.

Mandar a Maricarmen a México costaría mucha lana y todos lo sabían, así que se organizó una **coperacha** en la que todos participaron.

Maricarmen se despidió de sus padres y todos lloraron. Luego de secarse las lágrimas, se despidieron una vez más y finalmente la niña subió al camión con su maletita en la que llevaba la poca ropa que poseía y un cuaderno nuevecito con dos plumas y un lápiz.

Su tía Romina la recibió en la terminal de autobuses de la Ciudad de México y la llevó con ella. Cuando se enteró de la gran noticia, Romina amablemente ofreció recibir a la pequeña en su casa mientras asistiera a la preparatoria.

Las primeras semanas fueron muy duras. Definitivamente, la escuela no era lo mismo en la gran ciudad. A pesar de todo, rápidamente se adaptó a su nueva vida y, en solo unos meses, pasó a ser la alumna número uno de toda la preparatoria. Esta vez no pudo adelantar años, pues no se lo permitieron, pero eso no la detuvo en lo más mínimo. Leía y aprendía mucho más de lo que le pedían en la escuela y al terminar el último año, tomó el examen de ingreso a la Universidad Nacional Autónoma de México, la mejor del país.

Tan solo tres años después recibía de manos del rector su título de licenciada en Química con mención honorífica y tesis laureada. Por supuesto que fue suyo el honor de **dirigir** el **discurso** de graduación. Su tía estaba en primera fila, también sus padres habían venido desde Orizaba para acompañar a su niña en este momento y los tres estaban **hinchados de orgullo**.

En ese momento, parada en el púlpito, se dio cuenta de que no se quería ir de México. Quería quedarse, trabajar para hacer de su país un mejor lugar para sus padres, para su tía, para su pueblo y para todos aquellos que seguían viviendo en la miseria.

Desde entonces y hasta ahora, Maricarmen vive y trabaja persiguiendo el sueño de un mejor futuro.

VOCABULARY

destacarse: to stand out

ñoño(a): nerd. Also works as an adjective.

matado(a): someone who over studies. *Matado(a)* can be similar to *ñoño(a)*, except that it is harsher.

inscrito(a): to be registered or enrolled

desempeño (m.): performance

tamal (m.): a Mexican dish featuring corn-based dough filled with meat, cheese, or beans. There are salty tamales and sweet tamales.

atole (m.): a beverage wherein the main ingredients are masa, flour, sugar, milk, cinnamon, and vanilla. Flavors vary a lot!

coperacha (f.): cash contribution by a group of people for a specific cause

dirigir: to oversee or run an operation. In the context of this story, it means to deliver (a speech).

discurso (m.): speech

hinchar de orgullo: to swell with pride

SUMMARY

Maricarmen, a girl from a little town, made her way through primary and secondary school, something truly remarkable for anyone in her town, and even more so because she is a girl. She then got a spot at one of the most renowned preparatory schools in Mexico City. She soon became the top student at her school. Then, she attended university, after which she hoped to be able to leave Mexico in search of a better life. She finished top of her class. Now that she had a professional degree, she changed her mind and decided to stay in Mexico. She'd like to contribute to the betterment of her country.

CUESTIONARIO

1. ¿Por qué era difícil que Maricarmen asistiera a la primaria?

a) Su mamá no estaba de acuerdo.

b) Sus compañeros eran malos con ella.

c) La escuela era muy cara.

d) No había libros para ella.

2. ¿Por qué Maricarmen se quería ir de México?

a) Odiaba su país.

b) Quería conocer otros lugares.

c) Su mamá le dijo que hiciera eso.

d) No quería vivir en medio de aquella miseria.

3. ¿Por qué la gente de la Ciénega festejó cuando la aceptaron en la Prepa Seis?

a) Estaban felices de librarse de ella.

b) Querían una excusa para comer tamales.

c) Estaban orgullosos del gran logro de la niña.

d) Era su costumbre celebrarlo todo.

4. ¿Por qué Maricarmen estudiaba tanto?

a) Se sentía atraída al conocimiento.

b) Quería irse de México.

c) Se aburría mucho.

d) a y b son correctas.

5. ¿Por qué era difícil para toda la familia que la niña estudiara en la ciudad?

a) La ciudad estaba muy lejos del pueblo.

b) Costaba más de lo que una familia pobre podía pagar.

c) Se tenían que levantar temprano por su culpa.

d) No podían comer chocolate mientras siguiera estudiando.

A
D
C
D
B

LA BELLEZA DE LAS DIFERENCIAS CULTURALES

Jess H., Ecuador

Otro día más en la capital. Me levanto temprano como siempre y, por alguna razón que no **logro** identificar, hoy más que nunca parezco estar más consciente de mi realidad y fortuna. Vivir en la ciudad y haber tenido la oportunidad de conocer otras culturas dentro de mi propio país es, sin duda, un beneficio que debo reconocer.

Me arreglo para salir, apurado porque ya se me hizo tarde para la universidad. Es que, aún después de un año, este frío se me sigue **colando** hasta los **huesos**, me quedo **ruco** y, no en pocas ocasiones, la temperatura me retiene un poco más bajo las pesadas y agradables **cobijas**.

En mi segundo año de medicina ya me siento un poco más en casa, pero debo admitir que el primer año fue complicado. Siendo de una región caliente, creí que mi problema sería el clima, y **de ley** que me afectó, pero ahora veo que no tenía ni idea de lo que me esperaba.

Doña Mélida me ve saliendo…

Doña Mélida: **Mijo**…, **dame trayendo** un pedido de la tienda de regreso.

Yo: Con gusto doña Mélida, pero no sé si pase antes de que cierren. Hoy tengo clases hasta más tarde.

Doña Mélida: **No sea malito** que me quedo sin comida para mañana.

Yo: No se preocupe, si no es mucho paso antes y me llevo el pedido.

Doña Mélida: Gracias **mijo**.

Con Doña Mélida ya somos como familia, incluso a veces me espera con comida preparada porque sabe que vengo tarde y cansado de mis prácticas. Ella fue amiga de mi familia cuando era pequeña, pero se mudó a la capital hace ya más de 30 años. Nunca perdió contacto con mis padres y se ofreció encantada a recibirme cuando supo que vendría a Quito a estudiar.

Abro la puerta y **¡achachay!**, mejor me abrigo antes de coger un resfriado, al tiempo que reflexiono y río solo sobre lo que dirían en mi casa si me escucharan decir esa expresión. Ya bien abrigado, puedo admirar los grandes edificios que me acompañan en mi camino, esperando que pase rápido el día para ver a mi padre que viene de visita.

Al final de mis clases, ahí está mi padre, el gran don Manuel, esperando pacientemente para vernos luego de varios meses sin compartir.

Don Manuel: Hijo, qué bueno verte. ¿Cómo va todo?

Yo: Todo bien papá, preocupado porque no veo que hayas traído ni una **chompa**.

Don Manuel: **¿Chompa?** Veo que te has adaptado muy bien (sonríe). Ya perdí a mi hijo, ¡ya es todo un **serrano**!

Yo: Ya papá, deja eso.

Don Manuel: No puedo evitarlo, es que ya hasta te cambió el acento.

Yo: Doña Mélida me ha entrenado bien.

Su comentario no era negativo, él mismo tenía raíces **serranas** y reconocía muy bien los cambios en mí. Estaba orgulloso de que yo pudiera conocer y adaptarme a las costumbres de la sierra tan bien como a las de la región costera donde nací. Para mí ha sido toda una sorpresa descubrir la gran cantidad de costumbres diferentes y ha sido todo un reto que he asumido, siempre bajo el respeto que me enseñaron mis padres.

Como estábamos cansados, mi padre y yo decidimos ir a casa y que saldríamos al día siguiente a comer para celebrar su visita. Al llegar, doña Mélida nos recibe con su gran plato en honor a mi padre.

Doña Mélida: Antes que vayan a comer **encebollado con canguil**, aquí les tengo sus **chifles** para que disfruten de un buen plato como les gusta.

Yo: Gracias doña Mélida.

Don Manuel: No esperaba menos de usted, que este viaje lo he dado más por disfrutar este plato que por mi hijo.

(Dice esto mientras me guiña un ojo en complicidad).

Ella sabía que era el plato favorito de ambos y con gran afecto nos preparó esta **humilde** recepción. Los tres nos sentamos en la mesa y conversamos por horas y horas, entendiendo más lo que nos unía que las diferentes costumbres que nos separaban. Ya no me siento como un extraño, creo que podría vivir aquí incluso al terminar mi carrera. Puedo decir que me siento en casa, aunque debo admitir que extraño el calor y tengo eso tan claro como que el **encebollado** ¡no lleva **canguil**!

VOCABULARY

lograr: to be able to

arreglarse: to get ready

colarse: to creep in

hueso (m.): bone

ruco(a): asleep e.g. *Me quedé ruco en el coche* (I fell asleep in the car)

cobija (f.): blanket

de ley: obviously, goes without saying

mijo(a): my child. It can refer to your child or someone you see or treat as your own child

dame trayendo: bring me (something). Another way of saying it is *tráeme* (something).

no sea(s) malito: This expression closely translates to "don't be mean" but in Ecuador, it is used to politely ask for a favor e.g. *No seas malito, préstame el libro porfa.*

¡achachay!: a typical interjection used by people from the mountains to express a feeling of cold. Similar to English "brr".

chompa (f.): sweater or pullover

serrano(a): somebody from the mountains

encebollado con canguil/encebollado con chifles: *encebollado* is a typical Ecuadorian dish featuring fish stew. In the mountains, it is usually eaten with *canguil* (popcorn) while in the coastal regions, it is eaten with *chifles* (fried slices of green banana).

humilde (m./f.): humble

SUMMARY

The protagonist is from Guayaquil and just over a year ago, he had to move to Quito to start his medical studies. One day, as his father visits, he reflects on his entire adaptation process and the great cultural differences he has come across in the capital city. Though he misses Guayaquil, he now also sees Quito as home and appreciates what he has learned. He later enjoys a great meal with his father and Doña Mélida.

CUESTIONARIO

1. ¿Qué tiene al protagonista tan emocionado?

a) Ni él sabe.

b) Que su padre llega de visita.

c) Que doña Mélida cocinará su plato favorito.

2. ¿Por qué el protagonista iba tan apurado en la mañana?

a) Porque iba tarde a su clase.

b) Porque no quería ayudar a doña Mélida con la compra.

c) Porque estaba lloviendo.

3. ¿Cómo conoció el protagonista a doña Mélida?

a) Cuando era pequeño a través de sus padres.

b) En uno de sus cumpleaños.

c) Cuando se mudó a Quito recomendado por sus padres.

4. ¿Por qué don Manuel cree que su hijo ya es todo un serrano?

a) Por las expresiones que usa.

b) Por su acento al hablar.

c) Todas las anteriores.

5. ¿Cuál es la diferencia principal entre el encebollado de la sierra y el de la costa ecuatoriana?

a) El de la sierra lleva canguil y el de la costa se acompaña con chifles.

b) No hay diferencia.

c) El de la sierra lleva chifles y el de la costa se acompaña con canguil.

B
A
C
C
A

TACOS "EL GÜERO"

Anónima, México

—**¡Órale flojazo!** ¡Ya levántese bello durmiente, que se nos hace tarde! —Al abrir bien sus ojos, Raúl pudo ver que era su padre quien lo había levantado de tan abrupta manera.

Por su parte, Raúl no quería nada más que volver a cerrar los ojos—. Ay **jefe** no sea **gacho**, ¿ya vio la hora? Son las siete de la mañana, déjeme dormir un **ratito** más.

—Exactamente, las siete de la mañana ya es tarde para mí. Levántate y arréglate, pero rápido, que tenemos muchas cosas que hacer. —Dicho esto, el hombre **dio un giro** y salió del cuarto de Raúl. Por su parte, el muchacho no tuvo más opción que aceptar la **derrota** y comenzó a vestirse para poder acompañar a su papá en su viaje al mercado.

—Ya va siendo hora de que aprendas cómo maneja tu papá este negocio —le había explicado el hombre mayor—. Estás en la edad y tienes que saber que esto no es solo hacer simples tacos, significa mucho más.

El padre de Raúl era el orgulloso dueño de su propio puesto de tacos, que llevaba por nombre "Tacos El **Güero**", llamado así debido al **apodo** que sus clientes y amigos usaban para referirse a él. Se decía que él cocinaba los mejores tacos en todo el pueblo, pero nadie, ni siquiera Raúl, sabía cuál era su secreto.

Ambos se subieron a la **troca** del **calvo** hombre y emprendieron su corto viaje en dirección al mercado local. Este último no podía **aguantarse** la aparente felicidad que le daba mostrarle a su hijo como era su **chamba**, la calva incluso parecía brillarle más de lo contento que estaba. Mientras que Raúl seguía un poco molesto por haberse tenido que levantar temprano un sábado, no podía negar que era agradable ver a su papá de tan buen humor.

—Bueno **jefe**, dígame entonces ¿qué nos hace falta comprar para sus tacos? —le preguntó al hombre mientras iban caminando por los pasillos del mercado.

De manera distraída, su padre le pasó una lista escrita a mano. —Ahí están todas las cosas que necesitamos **mijo**, primero vamos a comprar las verduras ahí, en el puesto de Antonio. —Con paso decidido, el señor se dirigió a un pequeño puesto que estaba semi escondido en una esquina del mercado. Allí, inmediatamente, fueron saludados por el dueño, un hombre bajito con un **sombrero de paja**.

—¡Ese mi **güero**! ¿Cómo estás **carnal**? Ya me extrañabas, ¿o qué?

El padre de Raúl se reía mientras empezaba a elegir las hierbas y verduras que necesitaba—. ¡**Qué onda** mi Tony! Ya quisieras que alguien te extrañe, traje a mi hijo a que viera que no está fácil la **chamba**.

Mira, este muchacho es mi Raúl.

Finalmente, después de tanto **relajo** y ya con todos los ingredientes, ambos regresaron a su casa para iniciar el proceso de cocinar los tacos. El padre de Raúl le iba dando instrucciones sobre cómo **picar** las verduras y moler los chiles para la salsa, igual que le mostró como se tenía que preparar la carne para que quedara bien cocinada. Finalmente, ya con todo listo, salieron a abrir el puesto para el día de trabajo, con Raúl ayudándole a su padre a preparar los tacos. Más y más clientes llegaban, muchos saludando al padre de Raúl y hablando con él como si fueran amigos de hace años.

—Te lo digo **güero**, no sé qué les pones, pero eres el mejor taquero de todos —le decía un hombre que tenía **cejas** muy pobladas.

En ese momento el padre de Raúl se volteó para mirar a su hijo, en su cara se dibujó una sonrisa y cada vez le brillaba más la calva. —**Mijo**, ¿quieres saber cuál es el secreto de mis tacos? Cualquier comida siempre sabe mejor cuando la haces para amigos. Bueno, eso sí, una salsa bien hecha también ayuda.

También sonriendo, Raúl sintió orgullo de saber que los tacos que había ayudado a cocinar habían salido bien. —Gracias **jefe**, creo que ya entiendo de lo que me estaba hablando en la mañana.

Se escuchó como alguien se sonaba la nariz y Raúl vio al hombre de las **cejas** gruesas con lágrimas en los ojos.

—Ay discúlpenme —dijo. ¡Es que la salsa **pica** mucho!

VOCABULARY

órale: come on. However, it could also mean "no way" or "ok", depending on the context.

flojazo(a): lazy. It is derived from the word *flojo,* which can also mean lazy.

jefe (m.): literally means boss, but it is also another way of saying dad or father

gacho(a): rude, mean, or awful

ratito (m.): a very brief period of time

dar un giro: to make a turn or to turn around

derrota (f.): defeat

güero(a): someone that has a fair complexion or hair color

apodo (m.): nickname

troca (f.): truck

calvo(a): bald

aguantarse: to resist or endure

chamba (f.): job

mijo(a): a contraction of *mi hijo(a)*

sombrero de paja (m.): straw hat

carnal(a): brother, friend, or buddy

¿Qué onda?: What's up?

relajo(a): boisterous or lively

picar: to chop or cut

ceja (f.): eyebrow

picar: to be spicy

SUMMARY

The story follows Raúl, whose father owned a famous taco stall. One day, his father decided to take him to work so that Raúl could learn what it is like to run a taco business. Raúl had to wake up early to go to the market with his father, and there he learnt what ingredients to get for the tacos. After gathering the ingredients, both went home to prepare the tacos and set up the stall. A customer praised Raúl's father for the delicious tacos, and at that point, his father revealed to Raúl that the secret to making excellent tacos is to make them with love and passion.

CUESTIONARIO

1. ¿Por qué el padre de Raúl decidió llevárselo ese día al trabajo?

a) Porque quería molestar a su hijo.

b) Porque no quería trabajar.

c) Porque Raúl no tenía tarea.

d) Porque Raúl ya casi era mayor de edad.

2. ¿Por qué estaba molesto Raúl?

a) No le gustaban los tacos.

b) Ese día tenía que ir a la escuela.

c) Se sentía enfermo.

d) Era fin de semana y se había levantado temprano.

3. ¿Por qué el puesto de tacos se llamaba "El Güero"?

a) Así se llamaba el hombre.

b) Era el apodo por el que sus amigos se referían a él.

c) De esa forma le decía su padre a Raúl.

d) Lo había elegido al azar.

4. ¿De qué color era el cabello del papá de Raúl?

a) De ninguno, era completamente calvo.

b) Rubio.

c) Negro.

d) Castaño.

5. ¿Cuál era el secreto detrás del buen sabor de los tacos "El Güero"?

a) Siempre cocinaba con cariño hacia sus clientes y amigos.

b) Su salsa picante.

c) Les ponía carne extra.

d) Compraba los tacos ya cocinados.

D
D
B
A
A

UNA NAVIDAD EN VENEZUELA

Paola Valencia, Venezuela

Como es común en las regiones del trópico, en Venezuela no nieva en Navidad. Sin embargo, el clima se vuelve más fresco y las personas se llenan de alegría. La Navidad en Venezuela, como en casi todo el mundo, despierta el entusiasmo. Significa el inicio de una nueva temporada llena de caminos iluminados y sonrisas.

Esta no era la excepción en la casa de un niño llamado Miguel Ángel, al cual todo el mundo le decía Miguelito por cariño. En su casa, su familia siempre se preparaba para la Navidad **con antelación**, amaban decorar el árbol navideño juntos y amarrar las **hallacas** en familia.

Una tarde, curioso como son los niños naturalmente, le preguntó insistentemente a su madre por los regalos navideños. Ella sonrió y le contesto que no le podía decir, sin embargo, era algo que a él le encantaría. También le dijo que más tarde lo buscaría para que envolvieran los regalos de sus primos y tíos. Miguelito disfrutaba mucho envolviendo regalos debido a los colores brillantes del papel. Decidió que mientras esperaba a que su mamá lo buscara, iba a hacer **cotufas** con mantequilla y vería sus programas de televisión favoritos.

Miguelito disfrutaba mucho de la Navidad, el cielo era más azul que en otras épocas, la **flor de la Navidad** florecía y en la casa se podían escuchar las **gaitas y aguinaldos** que ponían sus padres. Era un niño y se entusiasmaba por los regalos, pero no era la razón principal por la que apreciaba esta fecha.

Cuando llega la Navidad en Venezuela, las familias hornean juntos el pan de jamón, preparan el pavo relleno, el dulce de lechosa, la torta negra y muchos más platillos deliciosos que nunca faltan y fascinan a los niños. Las familias salen a caminar juntas por las calles adornadas con pinos, muñecos y muchas luces que forman figuras de todo tipo, esta es una de las partes más hermosas de la Navidad.

Cayendo la noche, la mamá llamó a Miguelito, que aún comía **cotufas**, para que envolvieran los regalos de sus primos.

—Miguelito, ven conmigo, tu hermano terminó de recoger los **corotos** y es momento de que envolvamos los regalos —dijo la mamá del niño. **Ponte las pilas** para que comamos un poco de pan de jamón que hice, sé que te encanta.

—Espérame **un pelo**, mami, que estoy acomodando unas **vainas** —contestó Miguelito.

—Tranquilo, cariño, termina con lo que haces y vienes —finalizó la mamá.

Lo que el niño hacía en su habitación eran unas cartas donde deseaba feliz Navidad a todos los familiares que vendrían a la casa el 25, él era muy **pilas** para atender a su familia. Una vez que finalizó sus cartas, bajo con su madre y su hermano, quienes lo esperaban con los regalos en la mesa.

Miguelito miraba los regalos, estaba **un pelo** ansioso de saber qué les regalarían a sus familiares. Él conocía muy bien a su primo Carlos y pensó que no le gustaría el regalo que le habían comprado.

—¡Miguel, no seas **pavoso**! Apuesto a que le va a encantar el regalo, lo escogí yo mismo —dijo su hermano.

—No sabía que lo habías escogido tú. No soy **pavoso**, solo es que Carlos me dijo que quería otra **vaina** —dijo Miguelito.

La madre no quería que sus hijos discutieran, así que, para hacer que se olvidaran del asunto, le pidió a Miguel que trajera el pan de jamón para comer.

Con **las pilas puestas** y en **víspera** de Navidad, Miguelito y su hermano estaban muy contentos, jugaban en la casa de su tía donde celebraban la Nochebuena corriendo con otros niños y comiendo dulces hasta no poder más. Para los jóvenes y niños, estas noches son muy **chéveres**, comparten con otros niños y se van a dormir más tarde que de costumbre.

En la **víspera** de Navidad las familias celebran juntas, hacen una cena navideña, brindan y disfrutan de las canciones típicas de la época. A la mañana siguiente los niños van emocionados a abrir sus regalos, disfrutan de las **hallacas** y de los dulces.

La madre de Miguelito era particularmente amante de estas fiestas, y siempre enseñó a sus hijos la importancia de compartir y disfrutar el tiempo en familia. Se sintió **conmovida** al leer la carta que su hijo le escribió para Navidad, que decía:

"Madre, ayer me pregunté qué era lo que consideraba más **chévere** de una Navidad en Venezuela, y comprendí que lo que más amo más es poder ver a toda mi familia reunida, poder disfrutar de los platillos que juntos preparamos, recoger juntos los **corotos**, adornar nuestra casa y cantar **aguinaldos**. Una Navidad en Venezuela es la oportunidad de disfrutar con todas las personas que amamos".

VOCABULARY

con antelación: in advance

hallaca (f.): a traditional Venezuelan tamale that is mainly eaten on Christmas. It consists of a corn dough stuffed with meat stew or chicken.

cotufas (f.): a term used in Venezuela to refer to popcorns

flor de la Navidad (f.): these flowers only bloom at Christmas time. They are scientifically known as "Euphorbia Pulcherrima" and are typically red or white.

gaitas (f.) y aguinaldos (m.): bagpipes and Christmas carols. Venezuelan folk music that celebrates Christmas.

corotos (m.): a set of objects, usually of the same classification. It can be used to refer to cooking utensils (dishes, glasses, cutlery) or anything else.

ponerse las pilas/las pilas puestas: literally "to put on batteries" or "batteries put on", it can be used to ask someone to be careful or fast. It can also refer to someone who is very fast or ready to go.

un pelo: a small amount of something

vaina (f.): a thing of any kind

pavoso(a): someone that attracts bad luck or negative things

víspera (f.): eve

chévere: cool; nice

conmovido(a): moved or touched

SUMMARY

In Venezuela, Christmas is joy. Everyone loves that day because they get to be with their families. The streets light up, filled with Christmas decorations, and people enjoy going for walks at night. Miguelito, a child who lives in Venezuela, knew the value of this important celebration and wanted to share how he felt by writing a letter to everyone, though the most important letter was the one he wrote to his mother. In the letter, he talked about what he loves most about Christmas: being able to reunite and spend time with the people he loves.

CUESTIONARIO

1. Las personas en Venezuela aman la Navidad porque:

a) Les gusta dar regalos.

b) Pueden pasar tiempo con su familia.

c) Pueden estar más tiempo con ellos mismos.

d) Hace menos calor.

2. ¿Por qué Miguelito hizo una carta para su mamá en Navidad?

a) Quería felicitarla.

b) Quería que ella supiera porque valora la Navidad.

c) Porque la mamá le preguntó anteriormente qué pensaba de la Navidad.

d) Le quería recordar lo importante que es para él estar junto a ella.

3. Miguelito dijo que, a Carlos, su primo, no le gustaría el regalo, ¿por qué?

a) Miguelito era un niño odioso y malcriado.

b) Quería hacer sentir mal a su hermano por escoger ese regalo.

c) Estaba ansioso por la Navidad.

d) Odiaba la Navidad y no quería envolver los regalos.

4. Miguelito no le dijo a su mamá exactamente por qué no podía bajar a envolver los regalos en ese instante, ¿por qué?

a) No quería hablar con su mamá.

b) Simplemente se le olvidó.

c) Le estaba haciendo una carta y era sorpresa.

d) La mamá no le preguntó.

5. La mamá de Miguelito es una persona que…

a) Le gusta la Navidad porque se puede olvidar de los problemas.

b) Prefiere estar lejos de su familia en Navidad.

c) Le gusta comprar regalos para todos.

d) Cree que la Navidad tiene el poder de reunir a toda su familia.

B
D
C
C
D

DOMINGO DE PAELLA

Fran C., España

Ana quería presentar a su nuevo novio a sus padres. Ella pensaba que el domingo sería una buena ocasión. Ana vive en Valencia, pero normalmente va a comer a la casa de sus padres cada domingo. Ellos viven en un pequeño pueblo cerca de la playa a una hora de distancia de la ciudad. Sin embargo, a ella le encanta ir porque su padre **tiene buena mano** para la cocina, pero sobre todo porque hace una paella fantástica.

Entonces, el viernes Ana llamó a sus padres. Les dijo que iría a comer como siempre, pero acompañada de una persona especial para ella. Además, le preguntó a su padre si podía hacer una paella.

Su padre respondió: "Claro, no hay problema. Tendré que ir al supermercado para comprar algunos ingredientes que no tenemos en casa".

Ella dijo entonces: “Muchas gracias, papá. ¡Ah, se me olvidaba! Quiero pedirte un favor”.

Hubo un pequeño silencio, pero rápidamente su padre habló otra vez: “Dime, Ana. ¿Qué favor?”.

Ella le respondió: “No es nada importante. ¿Puedes hacer la paella sin **conejo**? La persona que me acompaña el próximo domingo no es española y puede ser una situación extraña”.

Hubo otro silencio, un poco más largo, y finalmente el padre de Ana dijo: “Vale, vamos a hacer una paella sin **conejo**… pero no estará tan rica. Improvisaré otra receta”.

Ana, con voz contenta, le dijo: “Seguro que sí. ¡Tú **eres un *crack*** de la paella!”.

Su padre le preguntó: “Oye, ¿no nos vas a contar quién es esa persona misteriosa que vendrá contigo a comer?”.

Ana contestó: “No, todavía no. Prefiero que sea una sorpresa. El próximo domingo lo descubriréis… Nos vemos el domingo a las dos”.

Ana y su padre se despidieron. Ella colgó el teléfono y llamó a su novio para contarle el plan. Él era un poco tímido, pero estaba de acuerdo en conocer a los padres de su novia porque ya tenían más de seis meses de relación.

El domingo a la una de la tarde, Ana y su novio cogieron el coche para ir a la comida familiar.

Ana le dijo: “Puedes estar tranquilo, James. Mi madre es muy simpática y abierta. Es muy probable que haga comentarios extraños porque le encanta **tomar el pelo** a sus invitados”.

James le respondió: "Claro, pero la verdad es que tu padre sí que me da un poco de miedo. Siempre me dices que es un poco frío. ¿No será el típico padre protector?".

Ana lo miró, se rio y después puso voz seria para contestar: "Cariño, no soy una niña. Tengo 31 años. Además, estoy segura de que le vas a **caer bien**".

No había mucho tráfico y llegaron puntuales. Aparcaron frente a la casa. Cuando la madre abrió la puerta, sonrió y dijo: "Estaba segura de que la sorpresa iba a ser un chico".

James **se puso como un tomate** y no sabía qué responder. Afortunadamente, Ana fue rápida y dijo: "Mamá, ¿ya le estás **tomando el pelo** desde el primer minuto?".

Ana y su madre se dieron un fuerte abrazo. Después le presentó a James y entraron a la casa. La madre de Ana dijo: "Vamos al jardín. Papá ya está sirviendo la comida".

Efectivamente, el padre ya lo había preparado todo. Cuando vio llegar a su hija y a James cogidos de la mano, miró a su mujer y dijo con voz amable: "Tenías razón". Ella le respondió: "Sí, deberías haber visto su cara. **Se ha puesto como un tomate**".

James se tranquilizó mucho. Los padres de Ana parecían estar contentos. Se sentaron a la mesa. James miró el plato principal y comentó: "Qué bien, paella. Typical Spanish".

Todos observaron que James había mirado la paella con un poco de extrañeza, pero nadie le preguntó qué pasaba.

Durante la comida charlaron mucho. James contó que vivía en España desde hacía dos años. Ana explicó cómo y cuándo se habían conocido. Continuaron hablando e **hicieron la sobremesa** hasta las seis. En ese momento Ana miró el reloj y dijo que tenían que volver.

Los padres salieron a la puerta de casa para despedirse. James les dio las gracias por todo, especialmente por la comida. Entonces, el padre de Ana no pudo evitar hacer un comentario: "¿De verdad te ha gustado la paella?".

James dudó un momento y al final contestó: "Sí, sí, estaba muy rica. Pero a mí me gusta más con **conejo**".

VOCABULARY

tener buena mano: to have the skill or talent of doing something

conejo(a): rabbit

ser un *crack*: to be very good at doing something, especially more so than most people e.g. *eres un crack tocando la guitarra*

tomar el pelo: to joke or to do something to laugh at someone else; to tease

caer bien: to like or to get along well with somebody

ponerse como un tomate: to turn red or to be ashamed

hacer la sobremesa: *la sobremesa* is the time when people continue to talk and relax around the dining table after eating. This habit is especially popular when you eat with friends or family and have free time.

SUMMARY

Ana wanted to introduce her boyfriend to her parents and figured that a family meal would be a good way to go about it. Ana's father would be making paella the following Sunday, but she asked him to change the recipe a bit because her boyfriend, James, might experience a cultural shock with one of the ingredients. James was nervous about meeting Ana's parents and Ana assured him that everything would be fine and that he should not worry. In the end, the meal went well and it turned out that James was a fan of *conejo* (rabbit), the one ingredient Ana's father had taken out of their paella.

CUESTIONARIO

1. Ana quiere presentar a su novio porque sus padres quieren conocerlo:

a) Verdadero.

b) Falso.

2. ¿Por qué Ana prefiere que su padre haga la paella sin conejo?

a) Porque es extraño usar conejo para este plato.

b) Porque ella piensa que su novio podría sorprenderse negativamente.

c) Porque es un ingrediente difícil de encontrar en el supermercado.

3. ¿Cuál es la duración de la relación entre Ana y James?

a) Algo más de seis meses.

b) Aproximadamente seis meses.

c) No llega a seis meses.

4. ¿Por qué James está nervioso en el coche?

a) Porque es muy tímido y no sabe si podrá hablar bien en español.

b) Porque piensa que la madre de Ana va a hacer muchas bromas.

c) Porque piensa que el padre de Ana puede ser muy frío y protector.

5. ¿Cuál es el motivo de la cara de extrañeza de James cuando ve la paella?

a) Es un plato típico español y es posible que no le guste el sabor.

b) Pensaba que el padre de Ana no sabía cocinar.

c) Le sorprende porque no está hecha con conejo, como a él le gusta más.

B
B
A
C
C

NOCHE DE HISTORIAS

Ariadna Abril, Argentina

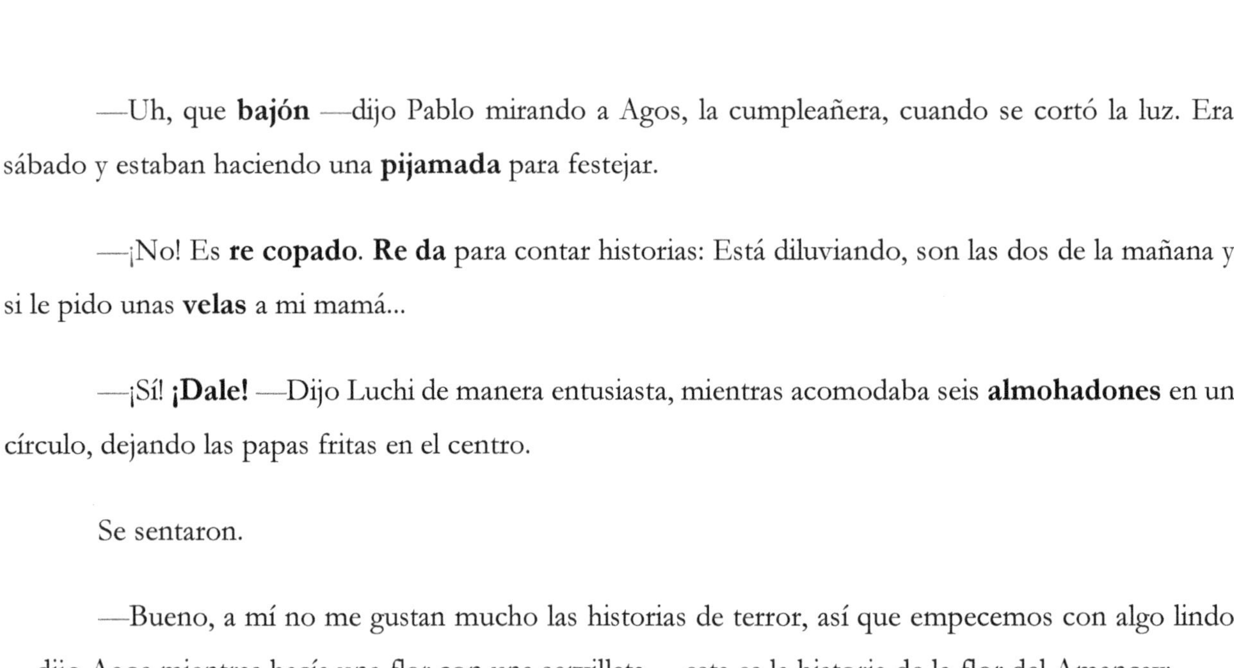

—Uh, que **bajón** —dijo Pablo mirando a Agos, la cumpleañera, cuando se cortó la luz. Era sábado y estaban haciendo una **pijamada** para festejar.

—¡No! Es **re copado**. **Re da** para contar historias: Está diluviando, son las dos de la mañana y si le pido unas **velas** a mi mamá...

—¡Sí! **¡Dale!** —Dijo Luchi de manera entusiasta, mientras acomodaba seis **almohadones** en un círculo, dejando las papas fritas en el centro.

Se sentaron.

—Bueno, a mí no me gustan mucho las historias de terror, así que empecemos con algo lindo —dijo Agos mientras hacía una flor con una servilleta— esta es la historia de la flor del Amancay:

"¿Conocen esas flores amarillas con puntitos rojos? ¿Saben por qué son así?".

"Hace mucho tiempo, una tribu del sur estaba viviendo una epidemia fatal y Quintral, el hijo del **cacique**, había caído enfermo. Quintral estaba profundamente enamorado de Amancay, una joven humilde del pueblo, y ella también correspondía sus sentimientos, así que al enterarse de que su amado llamaba su nombre debido al delirio, fue corriendo en búsqueda de una **Machi**. La sabia mujer le dijo que en la cima de la montaña había una flor amarilla capaz de ayudarla, así que la muchacha, decidida, recorrió el camino hasta hallarla".

"En la cima se encontró con un cóndor, quien le denegó el uso de la flor, porque era protegida por los dioses, pero luego de ver las lágrimas de dolor de la chica, ofreció un intercambio; el corazón de la muchacha por la flor, y ella aceptó, porque su amor por el hijo del **cacique** era más alto que cualquier montaña".

"El cóndor remontó vuelo con el corazón de la muchacha, que con su sangre regó el camino hasta el pueblo, donde le dejó la flor a la **Machi**. Con cada gota nació una flor del Amancay y dicen que, quien te regale una, te está regalando su corazón". Terminó, dándole una rápida mirada a Pablo.

—¡Qué bonito! —Dijo Luchi, a quien esa mirada no se le había escapado, y no podía esperar para preguntarle a su amiga **qué onda**.

—Está **re** frío tu **mate**, **chabón** —le dijo Julián a Fernando.

—Bueno, bueno. Ahora caliento el agua, ya vuelvo.

—Ya vengo —dijo Katia, cortando la conversación. —Me acordé de que te traje otro regalito, Agus, pero lo dejé en mi mochila.

—¡Mi turno! —anunció Luchi—, es la historia de la dama de blanco:

"En Buenos Aires, en 1910 o 1920, por ahí, había una hermosísima joven, Luz, quien era muy querida ya que era amable y bella. Lamentablemente, ella falleció en su juventud y su familia puso una estatua en su tumba, para que la guarde y cuide todas las noches".

"Muchos años después, en un **boliche**, un joven vio entrar a una hermosa muchacha vestida de blanco, de quien se enamoró inmediatamente. Hablaron toda la noche, y al llegar la madrugada, ella comentó que se tenía que ir, por lo que el chico le dio su **campera** (para que no pasara frío y como excusa para volverla a ver) y la acompañó. Al llegar a la esquina del cementerio, ella salió corriendo, apresurada, con la **prenda** en los hombros y con el **ruedo** el vestido **arrastrándose** por el piso. Él intentó alcanzarla, pero no pudo, pues había desaparecido en la entrada".

"Él esperó toda la noche allí y cuando llegó un guardia a abrir el portón, le comentó la descripción de la chica, haciendo que, por alguna razón, el cuidador lo guiara inmediatamente hacia la tumba de Luz. Su **campera** estaba ahí, al lado de la hermosa estatua".

Todos estaban inmersos en la historia, por eso no se dieron cuenta cuando apareció una figura blanca por el pasillo, tenía los brazos extendidos y, cuando llegó a la sala, gritó:

—¿Quién me quiere acompañar a mi casa?

Todos, menos Luchi, gritaron, la figura se empezó a reír a **carcajadas** malévolas.

En ese instante, se prendieron todas las luces, Katia estaba siendo levantada por Fernando, que se había vestido todo de negro para crear la ilusión de que ella flotaba.

—¡Katia! —gritó Agos, medio divertida, medio enojada y con el corazón todavía en la boca.

—Lo único que voy a comentar, es que me parece insultante que no se hayan dado cuenta de que no estábamos —respondió ella—. Bueno. ¿Ahora ya podemos ver la peli que recomendé?

Se rieron, se sentaron en frente de la tele y la prendieron.

VOCABULARY

bajón (m.): a disappointment or a sad situation

pijamada (f.): slumber party

re: this prefix intensifies an adjective, similar to the function of the English word "very". E.g. *estoy re enojado, esta limonada está re rica.*

copado(a): cool, awesome, or great. E.g. *¡Qué copadas tus zapas!*

re da: that the situation is just perfect for a certain activity, which in this context is to tell a story. E.g. *re da para sacar una foto* (Just the right timing/situation to take a picture).

vela (f.): candle

dale: an interjection used to affirm something or to encourage someone to go for it. E.g. *"¡Sí, dale! Salgamos." "Dale, comamos algo. Después seguimos".*

almohadón (m.): cushion or pillow

el cacique, la cacica: tribe leader

Machi (f.): a Mapuche healer who acts as a mediator between humans and demons, protecting the former from the latter.

qué onda: what happened. similar to *qué pasó.*

mate (m.): an Argentinian infused drink consisting of yerba mate leaves mixed in with hot water. It is common to drink it using a *bombilla* (a tube for drinking mate). As the drink is bitter, some like to add in sugar, honey, sweetener, or even flavorings such as orange peels.

chabón, chabona: a colloquial way of addressing a man or woman

boliche (m.): nightclub or party, though another common definition is bowling or bowling alley

campera (f.): jacket

prenda (f.): garment or piece of clothing

ruedo (m.): hem

arrastrar: (clothing) to sweep the ground

carcajada (f.): loud laugh

SUMMARY

When the lights went off at Agostina's birthday sleepover, she and her friends started telling typical Argentinian legends. The first story is a Mapuche legend about the flower of Amancay, which follows a young woman who did her best to save her beloved. The second story is well-known in Buenos Aires and tells of a girl whose spirit goes out at night to have fun and to return to her grave when the time comes. Towards the end of the second story, a white figure came floating into the room, only to reveal that it was Katia and Fernando trying to scare the group of friends.

CUESTIONARIO

1. ¿Por qué empezaron a contar historias?

a) Porque Laura, la mamá de Agos, les prohibió seguir cantando karaoke.

b) Porque se cortó la luz y no sabían qué más hacer.

c) Porque Luchi insistió toda la velada.

2. ¿Cómo describirías a Katia?

a) Fría.

b) Traviesa.

c) Tranquila.

3. En la primera historia, ¿cómo eran las flores de Amancay?

a) Amarillas con puntos negros.

b) Rojas con puntos negros.

c) Amarillas con puntos rojos.

d) Rojas con puntos amarillos.

4. En el segundo relato, ¿por qué crees que la dama de blanco salió corriendo al llegar a la esquina?

a) Para que el chico no la viera bien luego de haber bailado toda la noche.

b) Para no ver más al chico.

c) Para que el chico no viera dónde vive y así no descubrir su secreto.

5. ¿En qué momento se fueron Katia y Fernando?

a) Cuando ella se fue a buscar el "regalo" de Agos y él a calentar el agua del mate.

b) Cuando él se ofendió porque le dijeron que su mate estaba malo y ella lo fue a consolar.

c) Cuando ella fue al baño y él se fue a buscar un libro.

B
B
C
C
A

NUESTRO VIAJE A LA PLAYA

Jess H., Ecuador

No quería ir a la playa. No quería ir porque pensaba que no era posible disfrutar de una playa del pacífico en agosto, pero digamos que no teníamos más opción. Mi esposo insistió y la verdad ya lo habíamos cancelado varias veces porque a él lo llamaron por unos **cachuelos** y, como era buen dinero, no lo podía dejar pasar. Y bueno, aquí vamos, con la duda de si podremos soportar la helada temperatura del agua que caracteriza a estos meses del año, para no regresar sin siquiera darnos un baño en la playa.

Estoy segura de que no me podré meter al mar y ya eso me molesta un poco. Claro que no quiero arruinar nuestro viaje, así que pondré mi mejor cara y, al menos, disfrutaré el paisaje. Se lo prometí a Fernando y lo debo cumplir.

Yo: Amor, paremos en esta **hueca** a desayunar. Me provoca un **bolón** mixto y los de aquí son deliciosos.

Fernando: Sí, tienes razón. Es donde paramos la última vez que vinimos.

Yo: Hay **hartísima** gente, pero valdrá la pena.

Fernando: De acuerdo, igual no tenemos apuro. Hoy es nuestro día de pasarla bien.

Comimos delicioso y el día mejoraba. Por un momento me convenzo de que parte de mi mal humor era la falta de desayuno, pero nuevamente recuerdo el agua fría que nos espera y que no podré disfrutar tanto como quisiera. Sigo concentrada en disfrutar cada momento hasta que llegamos.

Nos ubicamos en cualquier lugar, aún era temprano y estaba bastante vacío. Rentamos unas sillas y allí fue cuando iniciamos nuestro día de playa. De pronto, llega un grupo de personas, al parecer familia. Por su acento descubro de inmediato que eran personas de la sierra, al tiempo que pienso en su mala suerte. Las vacaciones en esa región son en agosto, así que no tienen otra opción que visitar la playa en ese período.

La brisa fresca y el sonido de las olas del mar comienzan a dejarme ver que, después de todo, no estaba tan mal. Empiezo a reconocer una nueva forma de disfrutar de la playa, veo a mi alrededor y me divierto con la creatividad de la gente. ¿Acaso me están contagiando con su alegría?

Empiezo a disfrutar de las historias de mi esposo, cuentos de su trabajo que no conocía y me animo a contarle otras historias y crear la conversación relajada que la rutina muchas veces no nos deja tener. Pasa el rato y decidimos comprar unas **bielas**, ¿por qué no?

Entre una cosa y otra creamos nuestro propio espacio, nos aislamos del resto en un lugar lleno de personas. Ya puedo decir que lo único que haría este día más perfecto sería poder darnos un baño en la playa. ¡Vaya que nos hacía falta esto! En un momento de silencio y tranquilidad volvemos a conectar con el **entorno** y Fernando interrumpe enseguida.

Fernando: ¡**Oe**, Susana, mira!

Yo: ¡No puede ser, se metieron al agua! No lo puedo creer.

Fernando: Quizás no está tan fría, ni siquiera lo hemos intentado. ¡Vamos!

Yo: Tienes razón, no lo hemos intentado. Vamos.

Con la fuerza que nos dan todos los que nos **rodean**, nos ponemos de pie y vamos a la playa. No puedo creer que no lo intentáramos antes. Para nosotros simplemente no se podía, pero vemos a todos allí disfrutando como si nada y, aunque eran de la sierra y no era el mejor momento de la playa, nos demuestran que sí se puede. Aquí vamos, caminando a la playa. Lo que faltaba para completar nuestro día de vacaciones. Ahora sí, será perfecto. Hasta siento pena por mi mal humor temprano.

Llegamos, se acerca la primera ola. Aquí viene, se va a lograr. No lo puedo creer y ni siquiera sé por qué estoy tan emocionada. Se acerca el agua y, por fin, cubre nuestros pies. Fernando me ve y yo lo veo a él. Sin decir ni una palabra, ambos damos media vuelta y regresamos a nuestras sillas. Reímos sin parar y sí, ¡el viaje fue perfecto!

VOCABULARY

cachuelos (m.): odd jobs or extra work unrelated to the company where one works on a regular basis

hueca (f.): a place that has good food

bolón (m.): a typical Ecuadorian breakfast that is made by mashing and shaping plantains into balls before frying them. The plantain balls can be stuffed with cheese, pork crust, or both.

hartísima: a superlative of *harto*, which means many or much

biela (f.): beer

entorno (m.): environment or surrounding

oe: hey. A colloquial expression used to get someone's attention

rodear: to surround

SUMMARY

Susana and her husband finally have time for a beach day. Although it is not the best time to visit the coast given the low water temperature, they decide to go anyway. After a great meal, they rent their chairs and settle on a spot to enjoy the tranquility of the environment. Later, a group of people arrive and get into the water. Susana and her husband are intrigued and go on to try it out themselves, which seems to have made their trip perfect.

CUESTIONARIO

1. ¿Por qué Susana no quería ir a la playa?

a) Porque odia la playa.

b) Porque estaba molesta con su esposo.

c) Porque sabía que la playa estaría fría.

2. ¿Por qué no fueron antes a la playa?

a) Porque Fernando tenía un trabajo extra que hacer.

b) Porque Fernando no quería ir.

c) Porque estaban esperando el cumpleaños de Susana para celebrarlo en la playa.

3. ¿Qué los motivó a intentar bañarse en la playa?

a) Que se habían tomado unas cervezas.

b) Que una señora les dijo que el agua estaba deliciosa.

c) Ver a todos a su alrededor bañándose en la playa.

4. ¿Por qué insistieron en comer en la hueca donde había más personas?

a) Porque tenían mucho tiempo.

b) Porque vendían los mejores bolones.

c) Porque se la habían recomendado.

5. ¿De qué se rieron Susana y Fernando cuando el agua del mar cubrió sus pies?

a) De que el agua estaba helada.

b) De felicidad por poder bañarse en el mar.

c) De alegría por estar juntos.

C
A
C
B
B

VIAJE A LOS CARNAVALES DE CÁDIZ

Fran C., España

Luis y Pedro son dos viejos amigos. Los dos nacieron en el mismo pueblo y se conocen desde niños.

En los últimos años, Luis y Pedro no se han podido ver mucho. La vida de uno y otro es muy diferente. Luis está casado, ya tiene un hijo y un trabajo en Londres como médico desde hace tiempo. Pedro se quedó en el pueblo donde nacieron y abrió un bar. Los dos están teniendo mucho éxito en el trabajo, pero sus estilos de vida son opuestos.

A principios de año, durante una videollamada, Pedro le comentó a Luis algo que tenía en la cabeza: "Oye, he pensado que deberíamos organizar un viaje este año".

Luis le contestó: "Pues sí, **tío**. Tengo muchas ganas, pero este año solo tengo dos semanas de vacaciones en febrero. **¡Qué rollo!**".

Pedro, **de primeras**, se quedó un poco **desilusionado**, pero rápidamente cambió la cara. Había tenido una idea genial. Luis se dio cuenta y le preguntó: "¿En qué estás pensando? Te conozco perfectamente y sé que tienes algo en mente".

En ese momento, Pedro comenzó a explicar su plan. Durante el mes de febrero, el Carnaval se celebra en todos los pueblos y ciudades y hay un lugar donde es especialmente famoso y divertido: Cádiz. Era la excusa perfecta para hacer turismo y **pegarse una juerga** como en los viejos tiempos.

Pedro solo necesitó dos minutos para convencer a su amigo Luis, que esa misma noche compró el billete de avión a Jerez, la ciudad con el aeropuerto más cercano. Pedro prometió **encargarse** de hacer la reserva del hotel para los dos. Parecía que ya estaba todo preparado y que iban a reencontrarse por fin.

El día antes del viaje hablaron por teléfono. Pedro estaba nervioso por el disfraz. Como Luis conocía a su amigo desde que eran niños y sabía que Pedro siempre dejaba los detalles para el último momento, lo tranquilizó: "No pasa nada. Voy a coger dos uniformes médicos de mi hospital que ya no usamos. Tú solo compra dos pares de gafas falsas y dos **pelucas** de colores. Vamos a **disfrazarnos** de científicos locos".

El día del viaje, Pedro había salido en coche más temprano desde su pueblo porque quería llegar al aeropuerto de Jerez para recoger a Luis. Desafortunadamente tuvo un problema mecánico y no podía llegar a tiempo. Entonces, decidieron encontrarse directamente en Cádiz. Luis iba a llegar antes a la ciudad, así que le dijo a Pedro: "Vale, yo llegaré antes. Dime la dirección exacta del hotel y nos vemos allí". Pero Luis no recibió la respuesta que esperaba, solo una frase que sonó mal: "Ay, dios, sabía que se me olvidaba algo". Pedro no había reservado hotel.

Luis se enfadó un montón y empezó a gritarle: "Siempre igual. Nunca vas a cambiar. No se puede confiar en ti". Pedro intentó excusarse, pero con poca energía: "Lo siento, **tío**… tengo muy mala cabeza… perdón". Luis, con voz seca, lo interrumpió: "Vale, ya está. Nos vemos dentro de una hora en la Calle de San José. Ya me has enfadado lo suficiente". Luego de decir eso, colgó el teléfono.

Una hora y diez minutos después, Pedro llegó corriendo con su maleta a la Calle de San José. Luis ya estaba allí esperando enfrente de un edificio bonito, pero curiosamente estaba disfrazado, con cara sonriente. Pedro no entendía por qué su amigo estaba tan contento si un rato antes **estaba de mala leche**, pero lo primero que hizo fue pedirle perdón otra vez: "**Tío**, de verdad que lo siento mucho. Está claro que necesito organizarme mejor…". Luis cortó a Pedro, pero esta vez de una manera amable: "Mira, **tío**, que no pasa nada. ¿Has visto el edificio que tenemos enfrente?".

Pedro levantó la cabeza y vio el cartel en la puerta del edificio. HOTEL. Ahora entendía todo. Luis estaba seguro de que Pedro iba a olvidar hacer la reserva, así que decidió hacerlo él mismo. Y eso fue lo que pasó. Los dos amigos se miraron, se rieron y se dieron un abrazo. Finalmente, Luis le dio la bolsa que tenía en la mano y le dijo: "Toma, aquí tienes tu disfraz, con gafas y peluca, que seguro que también habías olvidado comprar. Sube a la habitación, deja tu maleta y disfrázate ya, que vamos a tener unos días de muchísima **juerga** y no tengo ganas de esperar más".

VOCABULARY

tío(a): a colloquial way of addressing a friend in Spain

¡Qué rollo!: literally "what a roll!", this expression is used when there is a situation you find uninteresting or just don't like

de primeras: right off the bat; at first

desilusionado(a): disheartened; disappointed

pegarse una juerga: to go partying

encargarse (de): to take on responsibility (for something)

peluca (f.): wig

disfrazarse: to dress up

estar de mala leche: to be in a bad mood

juerga (f.): partying, though it could also mean a blast e.g. *Va a ser una juerga* (It's going to be a blast)

SUMMARY

Luis and Pedro, two childhood friends, decided to attend the Carnival of Cádiz together. Pedro promised to make the hotel reservation for both, and they planned to dress up as crazy scientists for the carnival. That day, Pedro ran into a mechanical problem with his car and couldn't make it on time to pick up Luis. When Luis suggested to meet directly at the hotel, it turns out that Pedro had forgotten to make the reservation. Fed up as he was, Luis asked that his friend be at San José Street in an hour. Luis later revealed that knowing how forgetful Pedro was, he had made the booking himself. Both went on to reunite happily.

CUESTIONARIO

1. Luis tiene esposa:

a) Verdadero.

b) Falso.

2. ¿Quién es el primero que propone la idea de quedar próximamente?

a) Pedro.

b) Luis.

c) Los dos al mismo tiempo.

3. ¿Por qué no puede recoger Pedro a Luis en el aeropuerto?

a) Porque no tiene coche para ir.

b) Porque su coche sufre un fallo.

c) Porque no puede contactar con su amigo a través del móvil.

4. ¿Cuál es el motivo del enfado de Luis?

a) Pedro no quiere recogerlo en el aeropuerto.

b) Ha visto muchas llamadas perdidas en su móvil.

c) Pedro no ha reservado la habitación de hotel.

5. ¿Dónde se encuentran finalmente Pedro y Luis?

a) Enfrente del hotel en el que Luis ha reservado una habitación.

b) En una calle cualquiera del centro de Cádiz.

c) El lugar donde se va a celebrar la fiesta.

A
A
B
C
A

JUAN, EL JARDINERO

E. Morfin de la Parra, México

Juan, el jardinero, se levantó rápidamente al oír sonar la alarma. Eran las cinco de la madrugada. Debía apresurarse si quería llegar a tiempo. Se puso las botas y entró **de puntillas** al baño con mucho cuidado de no hacer ruido al cerrar la puerta para no despertar a su mujer.

Se preparó a toda velocidad unos **huevos revueltos** y calentó un **bolillo**. Desayunó tan rápido como pudo, tomó sus **tijeras** de jardín, el sombrero de paja, el galón de gasolina y la **podadora** y salió al pasillo.

Aspiró **hondo** y se encaminó a la estación del metro que estaba a un par de cuadras de ahí. Le agradaba tomar el metro a esa hora porque nunca estaba tan lleno como en las noches. Casi siempre lograba encontrar un asiento libre y espacio para recargar sus **herramientas**.

Por fin, a las siete cuarenta de la mañana, luego de poco más de dos horas de **transbordos** y transportes, llegó a la puerta donde lo esperaban para trabajar. Se trataba de una casa grande y **lujosa** con un enorme jardín. Tocó el timbre de la entrada una sola vez y esperó. Unos instantes después se escuchó una voz femenina del otro lado de la puerta:

—¡Voy!

Se abrió la puerta y del otro lado apareció una muchachita de no más de veinte años.

—Buenos días **señito**, soy Juan, el jardinero. Ayer habló conmigo el señor Rafael.

—¡Ah, sí! Pase, pase. Venga, lo llevo al jardín —contestó abriendo la puerta de par en par.

Siguió a la muchacha hasta el jardín. Una vez ahí, le señaló dos **saquitos** que estaban en el suelo:

—Aquí tiene algo de **abono** para las plantas como pidió. No dude en pedir más si llega a necesitarlo. Cualquier cosa, yo estoy en la cocina, usted me **echa un grito** y vengo corriendo.

Juan dio las gracias y se puso a trabajar sin mayor preámbulo. Estaba claro que hacía ya un rato que ningún jardinero se cruzaba por ahí. Tenía mucho trabajo por delante.

El sol ya estaba alto en el horizonte y don Juan no paraba de trabajar. Ya había llenado siete bolsas grandes de basura y todavía quedaba mucho por cortar y limpiar. Al mediodía, la misma muchacha que lo recibiera salió al jardín con un vaso de agua de limón en la mano.

—¡Oiga! ¿No quiere un vasito de limonada? —gritó por encima del ruido de la máquina.

Don Juan paró un momento para poder escuchar lo que le gritaban.

—Disculpe, ¿qué dice?

—Que si no quiere un vasito de limonada.

—¡Ah, sí! Muchas gracias. Qué amable.

Se limpió la mano lo mejor que pudo en el pantalón, tomó el vaso y vació el contenido de un trago.

—¡Ah, **qué rico**! Muchas gracias **señito**, me hacía falta.

Los rosales le quitaron mucho tiempo. Estaban seriamente maltratados y requerían un tratamiento muy delicado. Los podó con todo el cuidado y cariño de un jardinero verdaderamente conocedor y apasionado por las plantas. Al terminar, tomó un poco del abono y lo colocó con el mismo cuidado alrededor de cada rosal.

El sol ya comenzaba a bajar en el horizonte y todavía quedaba mucho trecho por recorrer. Don Juan sopesó la situación y se dio cuenta de que no lograría acabar. Tendría que regresar al día siguiente a terminar con el trabajo. Al dar las siete y media de la tarde, terminó de barrer y meter toda la basura en más bolsas negras y se preparó para partir.

Un par de horas después llegaba exhausto y feliz a la puerta de su casa. Abrió la puerta con mucho cuidado de no hacer ruido. Sin prender la luz, dejó sus cosas sobre el suelo con la mayor delicadeza de que fue capaz.

Entonces los focos se encendieron solos y se oyó un grito a tres voces:

—¡Sorpresa! ¡Feliz cumpleaños!

¡Lo había olvidado por completo! ¡Era su cumpleaños! Los tres **se abalanzaron** sobre él y lo **rodearon** fuertemente en un abrazo familiar.

—¡Feliz cumpleaños papá! —dijeron sus dos pequeños **a coro**.

—¡Feliz cumpleaños cariño! —dijo su esposa.

—¡Gracias! ¡Qué bonita sorpresa!

Lo sentaron en la mesa en la que descansaba el pastel de chocolate y, luego de prender las **velitas**, cantaron todos juntos **"Las Mañanitas"**. Juan no podía dejar de sonreír. Sí, estaba cansado, pero ¡qué feliz era!

VOCABULARY

de puntillas: on one's tiptoes

huevo revuelto: scrambled egg

bolillo (m.): bread roll

tijera (f.): scissors

podadora (f.): lawnmower

hondo: deeply. *Hondo(a)* can also be an adjective.

herramienta (f.): tool

transbordo (m.): transfer

lujoso(a): opulent; luxurious

señito: madam; miss

saquito (m.): sack; bag

abono (m.): fertilizer

echar un grito: to call out (for someone)

¡Qué rico!: how tasty, delicious, or refreshing

abalanzarse: to surge or rush forth

rodear: to surround

a coro: simultaneously; in unison

velita (f.): a diminutive of *vela*, which means candle

Las Mañanitas: the name of a traditional Mexican birthday song. People typically sing it in the morning to wake up the birthday person.

SUMMARY

Juan the gardener set out to work early in the morning. He traveled by public transport to get to the luxurious house where he was hired, and worked there the whole day. The garden was a lot of work as the roses hadn't been carefully tended to. As Juan wasn't able to finish the job, he had to come back the next day. It was late when he got home so he opened the door slowly so as not to wake his wife and kids. At that moment, lights came on and his wife and kids greeted him in joy. In the center of the table sat a cake. Juan had forgotten that it was his birthday!

CUESTIONARIO

1. ¿Por qué Juan se tenía que levantar tan temprano?

a) Era un masoquista.

b) Tenía que hacerlo para llegar a tiempo al trabajo.

c) Le gustaba sentir la brisa mañanera.

d) No quería despertar a su familia.

2. ¿Por qué no iba al trabajo en coche?

a) Le gustaba usar el metro.

b) Quería ahorrar en gasolina.

c) No tiene coche, es pobre.

d) No hay suficiente información en la historia.

3. ¿Cuál era el problema con las rosas?

a) Eran demasiado hermosas para ser verdad.

b) Tenían una plaga y se estaban muriendo.

c) Ya estaban muertas.

d) Estaban muy maltratadas.

4. ¿Quién contrató a don Juan?

a) Nadie, trabajaba sin cobrar.

b) El señor Rafael.

c) La muchacha que le abrió la puerta.

d) Ninguno de los anteriores.

5. ¿Por qué terminó cansado al final del día?

a) Realmente no estaba cansado. Estaba fingiendo.

b) Hizo demasiadas sentadillas.

c) Estaba cansado emocionalmente porque no le pagaron ese día.

d) La jardinería es un trabajo pesado y estuvo trabajando todo el día.

B
D
D
B
D

UNA NUEVA AVENTURA

Paola Valencia, Venezuela

Tengo varios años estudiando español, pero aun así no me dejan de sorprender cada día las cosas nuevas que aprendo. Como la vez que conocí a José, un hombre muy amable al cual sus amigos llamaban Cheo.

Narraré desde el comienzo cómo lo conocí… Este hombre de unos 30 años estaba haciendo la fila para el supermercado, cuando reconocí que estaba hablando español a través de una llamada telefónica, entonces decidí hablarle.

—¡Hola! Disculpa si te incomodo, no pude evitar escuchar que hablas español —la persona me miró con extrañeza, sin embargo, continúe—. Estudio español desde hace un tiempo y amo el idioma, me llamo Richard, por cierto.

—Un placer conocerte Richard, me llamo José, pero mis **panas** me dicen Cheo —dijo el hombre, extendiendo su mano en un saludo cordial—. ¿Vives aquí cerca, **chamo**? Creo que te he visto antes.

En este punto de la conversación estaba confundido, pues él estaba usando palabras que jamás había escuchado, solo intentaba relacionarlas con otras palabras similares en mi mente, pero no encontré ninguna.

—De hecho, sí, vivo cerca —comenté intentando **ocultar** mi confusión—. Si gustas en estos días podemos reunirnos y conversar.

—Dentro de dos horas voy a la plaza con unos **panas**, si quieres puedes venir con nosotros, **chamo** —dijo Cheo.

—¡Si, claro! Allí estaré —dije antes de que Cheo se fuera.

Dos horas más tarde estaba muy emocionado porque iba a poder practicar el idioma y Cheo parecía muy amable. Me dirigí hacia la plaza y decidí llevar unos *cupcakes* que compré en el supermercado para compartir con estas nuevas personas.

—¡Hola, José! —exclamé.

—Por favor, dime Cheo —dijo mientras se levantaba de su asiento—. ¡Qué gusto verte de nuevo! Les dije que sí vendría —dijo mientras se **volteaba** a ver a sus amigos.

—¡Claro que iba a venir! ¿No te dije que lo haría? Además, traje *cupcakes* —dije mientras tomaba asiento en una de las bancas de la plaza.

Allí pasamos la tarde, me explicó que sus "**panas**" eran sus amigos y qué significaba la palabra

chamo. También varios de sus **panas** tuvieron la paciencia de explicarme las jergas que utilizaban y pude escuchar las experiencias que tuvieron en su país natal, Venezuela. En los días en los que no vi a Cheo decidí investigar más sobre su país, para así poder hablar más en la próxima reunión que harían en su casa, debido a que su sobrina cumplía años.

Estando en la casa de Cheo conocí a toda su familia y le **obsequié** a la niña cumpleañera un coche a control remoto que a simple vista le encantó.

—¡**Burda de pana** fuiste con mi sobrina, **chamo**! En estos días recojo mis **macundales** y me voy de fin de semana con la familia, ese iba a ser el gran regalo, aunque parece que tu regalo le gustó más —me dijo entre risas.

—Apuesto a que va a disfrutar mucho el viaje, lo que le regalé solo fue un detalle —le dije riéndome también.

—Estos niños son muy **muérganos** y les encanta la **guachafa** —dijo mientras observaba a los niños jugar. Esto me recuerda a mi infancia, era tan **guachafitero** y **muérgano** como ellos, aunque no lo creas.

—Te creo, Cheo, aunque no sé muy bien qué significa eso —dije mientras me reía.

—Es la **picardía** y el **alboroto** que tienen los niños, Richard —dijo Cheo.

—Sí, no solo en Venezuela los niños son así. Creo que todos los niños del mundo son de esa forma —le dije. —Me debo ir porque ya es tarde. Pero más tarde te escribiré, Cheo. ¡Un gusto que me hayas invitado a esta fiesta!

—¡Dale, **chamo**! ¡Espero que nos veamos pronto! —finalizó mientras me acompañaba a la puerta.

En la actualidad, Cheo es uno de mis mejores amigos. Hemos vivido incontables experiencias juntos, me ha enseñado muchas nuevas palabras y aún hacemos las compras de los sábados en el mismo supermercado. Es extraordinario pensar en la diversidad profunda que caracteriza al español y a otros idiomas. Cada grupo de personas tiene su forma de ver las cosas y percibir el mundo a través de sus propias palabras y eso es algo que me empuja a aprender más sobre los idiomas que amo.

VOCABULARY

pana (m./f.): friend

chamo(a): derived from the English word "chum", this word is used in Venezuela to address a friend or even a stranger

ocultar: to hide

voltear: to turn around

obsequiar: to give something, especially as a gift or present

burda de: very or a lot of

macundales (m.): a set of personal objects or stuff

muérgano(a): shameless, not feeling inhibited from saying the wrong things. This word comes from the English word "moranger" and is typically used to refer to kids as one would say "rascal" in English.

guachafa (f.): a word of indigenous roots referring to chaos, disorder, or fuss. It can also be used in a positive sense to refer to a party or joke.

picardía (f.): mischief; naughtiness

alboroto (m.): racket; commotion

SUMMARY

Richard recalls how he first met his Venezuelan friend, José, at a supermarket and how from there on, they grew to become close friends. Richard went on to meet José's friends and family, all while discovering and learning more about the local ways of saying things. Richard is in awe of the diversity of the Spanish language and is motivated to keep exploring and learning.

CUESTIONARIO

1. Richard aprecia hablar con nativos del idioma español porque:

a) Aprende distintas jergas de distintos países.

b) Su idioma nativo le parece aburrido.

c) Puede conocer distintas culturas.

d) Le gusta tratar con personas nuevas.

2. En este cuento, las personas a pesar de ser de distintos países pueden:

a) Ser desconocidos.

b) Disfrutar de las costumbres de los demás.

c) Encontrar similitudes entre su forma de pensar.

d) Pelear entre sí.

3. Las personas terminan de aprender un idioma cuando:

a) Conocen la gramática.

b) Conocen las palabras más comunes.

c) Conocen el significado de la mayoría de las palabras.

d) Las personas nunca terminan de aprender un idioma.

4. La diversidad del idioma es:

a) Importante para poder comprender la cultura a la que pertenece.

b) Consecuencia de los hablantes de distintos países.

c) Un contratiempo en el aprendizaje de un idioma.

d) Una oportunidad de ampliar la comunicación y disfrutar de diversas culturas.

5. ¿La diversidad que tiene el español es importante al momento de estudiar el idioma?

a) Es un factor clave para ser un buen hablante de español.

b) Es prescindible para aprender el idioma.

c) Es una oportunidad de conocer mejor el idioma.

A
B
D
D
C

¡BIENVENIDOS A LA MITAD DEL MUNDO!

Jess H., Ecuador

¡Bienvenidos a la mitad del mundo! Así recibo cada día a miles de visitantes de diferentes países que vienen en familia y entusiasmados a conocer este punto de latitud 0°. Comencé a trabajar aquí, la verdad no porque lo deseara, sino porque no conseguía trabajo en la ciudad. Hoy cumplo 15 años trabajando en este parque y justo lo recuerdo mientras recibo los tiques de los visitantes, que fue donde comenzó todo.

Mirando atrás, tengo que admitir que me costó mucho aprender a valorar este lugar, la rutina fue dura al principio. Está abierto las 24 horas y, en este punto, ya he trabajado en todos los turnos. Aunque el turno más temprano del día implica levantarme muy temprano y viajar aún oscuro desde mi casa hasta el parque, debo decir que es mi favorito. Lo conversamos una vez unos amigos del trabajo y yo:

Andrés: No, no, no yo tan temprano aún **estoy chuchaqui**. Mejor mi turno que sea más tarde.

Carlos: Yo igual que Andrés y más el fin de semana que **me voy de chupa**.

Yo: Bueno pues a mí no me importa. Yo tomo ese turno.

Ana: Debes ser el único que prefiere ese turno, Kevin, los demás solo lo hacemos porque nos toca.

Elena: **El Kevin** lo que quiere es estar temprano para apartar su **yapingacho** en la tienda.

Yo: Ya, voy a trabajar porque dejé a don José cuidando la entrada, le dije que **me iba a volver**.

Siempre he sido el que va contra corriente. Todos creen que estoy loco porque prefiero levantarme temprano para venir aquí, pero hace mucho entendí que es el mejor momento del lugar y sí, también podía apartar mi **yapingacho** y tener tiempo de comer un **helado de paila** en mi descanso.

En la mañana todos están frescos, familias emocionadas comenzando un día de aventura, suficientes personas para disfrutar el parque sin **agobiarse** y atenderlos a todos como se merecen.

En las tardes, ya con demasiados visitantes, se me hace pesado y las personas no disfrutan del paseo tanto como deberían y como queremos. Hoy, en mi posición de **gerente**, mi mayor orgullo es ver como disfrutan tanto del monumento como de la representación de todas las regiones de mi país, mientras aprenden muchas cosas nuevas.

Un día, un **guayaco** se me acerca al notar que era un trabajador del lugar:

Visitante: Es increíble lo que hacen aquí.

Yo: ¿Cómo? ¿Se refiere al monumento? (Hablando del monumento al centro de la tierra y su museo).

Visitante: No, si el monumento ha sido lo de menos. Yo hablo de todo. Aprendí de mi país más que en la escuela.

Yo: Nos alegra que personas de todas partes del país disfruten el parque.

Visitante: Nunca había venido porque ya sabe que a los **guayacos** nos gusta la playa **no más**, pero no **me arrepiento**.

El visitante continuó emocionado, contándome todo lo que le impactó. Mencionó que desconocía la cultura de los Shuar y su ritual de encoger cabezas. Su hijo quedó muy emocionado y quería conocer todos los lugares que mostramos en "Nuestro pequeño Ecuador".

Cuando dijo esa frase, entendí de qué se trataba esto. Va más allá de jugar a **parar un huevo sobre un clavo** o de ver hacia donde gira el agua, se trata de dar a conocer Ecuador entero y dejar a turistas locales y, de todo el mundo, con ganas de conocer más. ¡Vaya! ¡Qué labor que tengo!

Le respondí sin más:

Yo: Espero que tenga la oportunidad de conocer todos los lugares que ha visitado hoy aquí en nuestra humilde representación del país.

Visitante: ¡Pues claro! Ya veníamos planeando cuál será el próximo lugar que queremos conocer. Si nosotros mismos no lo conocemos, ¿cómo vamos a mostrarle a los demás lo que tenemos?

¡Lección aprendida! En unas pocas frases este visitante me enseñó más de lo que había aprendido en unos meses trabajando en la mitad del mundo. Desde ese día, he disfrutado mi trabajo mucho más y agradezco ser tan afortunado de conocer muchos **rincones** de mi país y poder mostrárselo a todos con solo viajar una hora desde mi casa. Claro que, lo que sigue motivando más mi viaje son los **yapingachos** de doña Ofelia y los **helados de paila** de todos los sabores que puedo comer cuando quiera.

VOCABULARY:

estar chuchaqui: to be hung over. The word comes from "*chaqui*", which in Quechua refers to the discomfort felt after chewing coca leaves. A related noun would be *la resaca* (hangover).

me voy de chupa: *chupar* means to drink alcohol. The phrase here signifies "I am going to drink and celebrate".

El Kevin: in the highlands of Ecuador, it is common to add the article *El* or *La* to the front of people's names e.g. *La María, El Andrés.*

yapingachos (m.): also spelled *llapingachos*, these are Ecuadorian fried potato pancakes typically served with *salsa de maní* (peanut sauce)

me iba a volver: an expression to say that you will return soon

helado de paila (m.): a fruit ice cream originally invented by Rosalía Suárez in 1862. As there was no electricity, she placed a bronze pan on ice that had been brought from a nearby glacier. She then placed fruit juice in the pan and rotated the pan in the ice till the liquid turned into ice cream. Here, *(la) paila* signifies a large dish or a deep pan.

agobiarse: to be overwhelmed

gerente (m./f.): manager

guayaco(a): someone who is from the city of Guayaquil

no más: another way of saying "*nada más*" or "*solo eso*"

arrepentirse: to regret something

parar un huevo sobre un clavo: a popular game played in Middle of the World City, whereby people are challenged to balance an egg on the head of a nail

rincon (m.): corner

SUMMARY

15 years into working in a park in Middle of the World City, Kevin recalls how he first started out and how he did not understand his true purpose back then. He prefers doing the early shifts as he thinks that is the best time of the day when the park is not as crowded yet. Today, as the park manager, he has fond memories of his job, and it dawns on him what great responsibilities he and his fellow companions hold: make the beauty of Ecuador known and encourage others to travel the country!

CUESTIONARIO

1. ¿Trabajar en el parque de la mitad del mundo siempre fue un sueño para Kevin?

a) Sí, desde niño soñaba con trabajar ahí.

b) No, odiaba el lugar.

c) No, pero no conseguía trabajo más cerca de casa.

2. ¿Kevin seguía como encargado de los tiques en la entrada del parque después de 15 años?

a) Sí, le gustaba ese puesto y decidió quedarse.

b) No, se había cambiado con un compañero.

c) No, ahora era gerente del lugar.

3. ¿Por qué a los compañeros de Kevin no les gustaba el primer turno?

a) Porque había que levantarse temprano.

b) Porque no tenían carro.

c) Porque los otros turnos eran más divertidos en el parque.

4. ¿Qué disfrutaba más Kevin de los turnos de la mañana?

a) Que no había nadie y podía descansar.

b) Que no había demasiadas personas y disfrutaban más del parque.

c) Que así aprovechaba el día desde temprano.

5. ¿A qué se refería el visitante con la frase "Nuestro pequeño Ecuador"?

a) A que así se llamaba el parque.

b) A que mostraba las costumbres de todo el país en sus diferentes secciones.

c) Solo lo decía porque estaba orgulloso del país y de conocer el parque con su familia ese día.

C
C
A
B
B

LA FAMILIA SANVICENTE

Anónima, México

Vivir en una casa pequeña no es fácil, y menos cuando tu familia es numerosa. Esto es algo que Fernando Sanvicente sabía mejor que nadie, viviendo con sus siete hermanos mayores y sus dos padres. En la casa de los Sanvicente siempre había **relajo**, desde que amanecía hasta el anochecer.

Fernando era el hermano menor de todos y por esta razón era molestado muy seguido por sus hermanos mayores.

Para Fernando, la mayoría de los días empezaban así: primero tenía que levantarse muy temprano para poder prepararse para ir a la escuela. Dirigiéndose al baño con **flojera**, Fernando **rogaba** que él hubiera sido el primero en despertarse de todos, ya que tener un solo baño en toda la casa era la cosa más molesta para él.

Sus esperanzas rápidamente fueron **aplastadas**, ya que, al intentar **girar** de la **perilla** para abrir la puerta del baño, esta no cedió.

—¡Está ocupado! —Dijo una voz que reconoció como la de su hermano Arturo, el más grande.

—Déjame entrar —le pidió Fernando—, tú siempre tardas mucho porque **te la pasas** en el celular.

De nuevo se escuchó la voz de Arturo, ahora más irritado.

—No estoy jugando con nada, tardo porque necesito arreglarme bien el cabello antes de ir a la escuela.

Fernando se fue de vuelta en dirección a su cuarto, pero no sin antes ver que el resto de sus hermanos también iban camino al baño.

—Mejor ni lo intenten —les dijo. —Arturo ya se metió al baño y según lo que me dijo, parece que va a estar ahí un buen rato.

Inmediatamente empezaron las protestas de los demás **chavos**.

—¿Que Arturo ya está en el baño? Mejor nos vamos resignando, siempre se queda ahí por una hora —dijo Felipe, uno de los hermanos de en medio.

—¡Pues está **menso** si cree que me voy a esperar aquí afuera por tanto tiempo! —Lo interrumpió Alfonso, quien era el segundo hermano mayor. —¡Arturo, ábreme la puerta ya!

Después habló Rubén, otro de los hermanos de en medio y el más **sensato** de los siete.

—Yo creo que le podríamos decir en **buena onda** que nos deje pasar, ¿no? Arturo sabe que somos muchos y que no debe tardarse demasiado porque también tienen que arreglarse mamá y papá.

Los únicos que no opinaron nada fueron los dos hermanos restantes, Miguel y Julio, quienes eran mayores que Fernando por un año. Ellos se **aguantaron** y mejor solo observaron la discusión.

Después de que la situación del baño fuera finalmente solucionada por el señor y la señora Sanvicente y que Arturo prometiera (de nuevo) no tardarse tanto para la próxima vez, todos los chicos fueron a la mesa para comer el desayuno.

Fernando trataba de terminar sus huevos con jamón con la mayor calma posible, y le agradaba tener el **entretenimiento** de ver a su familia interactuar.

Por un lado, estaban Miguel y Julio, que se encontraban en una muy **prendida** discusión sobre quién era el mejor jugando su videojuego favorito.

El primero en defender su habilidad fue Julio.

—¡Yo tengo mejor **puntería** que tú y te lo puedo probar! —Dijo el joven de cabello castaño. —¡**Chécate** esto!

Acto seguido, Julio lanzó una pequeña pieza del cereal que estaba comiendo y que cayó justo en la taza de café de su padre.

—**¡Chamaco del mal!** —Exclamó el señor Sanvicente. —Ya no estén **aventando** la comida, **pórtense** bien.

—**Mijo**, escucha a tu papá. La comida va en la boca, no en la mesa. Vamos a llegar tarde a la escuela si siguen jugando, —añadió la señora Sanvicente, firme pero amorosa como siempre.

Del otro lado de la mesa estaba la conversación de los otros hermanos, Arturo estaba reprochándole a Alfonso el **pleito** del baño, diciéndole que no tenían por qué haberlo acusado con sus padres.

—Ya iba a salir, solo me estaba cepillando el cabello. Ya saben cómo se pone cuando me levanto —dijo Arturo.

Mirándolo con escepticismo, Alfonso le respondió:

—Uy si, como si tuvieras la cabellera de Rapunzel. Eso no te lo crees ni tú.

Arturo ya no pudo responder, pues en ese momento la señora Sanvicente anunciaba que ya se les había hecho tarde para la escuela y tenían que apresurarse.

En ese momento, Fernando se acordó de algo muy importante y dijo:

—Oigan, aún tengo que ir al baño.

VOCABULARY

relajo(a): boisterous; lively

flojera (f.): idleness; laziness

rogar: to pray

aplastado(a): crushed; flattened

girar: to turn something

perilla (f.): doorknob or handle

pasarse: to spend time doing something e.g. *Juan se pasa todo el tiempo tocando el piano.*

chavo(a): kid; child

menso(a): (derogatory) silly; stupid

sensato(a): sensible; practical

buena onda: nice; easygoing; cool

aguantar: to resist or endure. In this story's context, it means to hold one's tongue.

entretenimiento (m.): entertainment

prendida: heated (discussion). As a verb, *prender* means to turn something on.

puntería (f.): aim; aiming skill

chécate: an expression used to ask someone to look at or check out something

chamaco(a) del mal: an affectionate way of saying little brat

aventar: to throw

portarse: to behave

mijo(a): a contraction of *mi hijo(a)*, meaning my son or daughter

pleito (m.): brawl; fight; conflict

SUMMARY

In the Mexican culture, it is common for people to have large families. This story follows Fernando, the youngest of his seven other brothers. A common issue in the house was that one of his older brothers, Arturo, always occupied the bathroom for a long time while the others also had to use it to get ready for school. The dining table was no less chaotic either. There could be multiple discussions and arguments going on at the same time. As Mrs. Sanvicente announced that they were going to be late and that they needed to hurry up, Fernando suddenly remembered that he still needed to use the bathroom.

CUESTIONARIO

1. ¿Cuál era el problema principal de tener una familia tan grande viviendo en una casa tan pequeña?

a) La casa siempre estaba muy callada.

b) La casa estaba muy sucia.

c) La casa solo tenía un baño para la familia de nueve personas.

d) La familia no tenía suficiente dinero.

2. ¿Quién era el hermano más joven?

a) Alfonso.

b) Fernando.

c) Miguel.

d) Felipe.

3. ¿Quién era el hermano mayor?

a) Alfonso.

b) Rubén.

c) Julio.

d) Alfonso y Arturo eran ambos los hermanos mayores.

4. ¿Por qué razón Arturo tardaba siempre tanto en el baño?

a) Se bañaba después de despertarse.

b) Se quitaba las cejas.

c) Se cepillaba y arreglaba el cabello.

d) Jugaba con su celular.

5. ¿Por qué Fernando deseaba despertarse más temprano que el resto de su familia?

a) Porque tenía que irse a trabajar.

b) Porque le gustaba ir a correr temprano.

c) Porque quería ser el primero en usar el baño.

d) Tenía que hacer el desayuno.

C
B
D
C
C

EL PRIMER CUY

Jess H., Ecuador

Llegamos a Cuenca y nos damos cuenta de que elegimos el lugar correcto. Hace años que mi esposa y yo comenzamos a mejorar nuestro español para poder venir acá luego de nuestro retiro. Muchos amigos nos hablaron de las maravillas y la tranquilidad de esta ciudad y creo que no se equivocaron. Encontramos un excelente apartamento en un edificio frente al **Yanuncay**, con todas las comodidades.

Apenas hemos podido **adentrarnos en** la cultura a dos semanas de nuestra gran mudanza. Ha sido muy agitado. Aunque sí hemos podido hacer algunas cosas, entre ellas, asistir a una reunión que organiza una asociación para que los extranjeros podamos practicar el español con locales y viceversa. Además, Martha y yo nos propusimos solo a hablar español, incluso entre nosotros.

En estas reuniones conocimos a José, un joven muy amable con quien hemos comenzado una amistad. Hoy nos invitó a su casa a probar un plato especial que él dice que se llama **cuy**.

Martha: Amor, no sé qué esperar de la comida de hoy. Es muy amable de parte de José y su esposa invitarnos a comer, pero ¿debemos llevar algo?

Yo: Podemos llevar lo de siempre, una botella de vino creo que será suficiente. Por allí hay una guardada que podemos llevar.

Suena mi celular, es José, así que atiendo en mi mejor español.

Yo: Hola.

José: ¿Cómo está? Lo llamo para preguntarle si quiere que lo **vayamos a ver**.

Hago una pausa para tratar de entender a qué se refiere.

Yo: ¿Pensé que sería en tu casa la comida? ¿Para qué quieres venir a vernos?

José ríe.

José: Le digo que cómo ustedes aún no tienen carro, mi esposa y yo le **podemos ir a ver** para que vengan a la **merienda**.

Yo: ¡Ah! Ok, los esperamos.

Cada día noto más lo mucho que me falta por aprender de este idioma. Definitivamente todos los días hay cosas nuevas y esto es solo el comienzo. Le comento sobre mi conversación telefónica a Martha, quien sonríe y rápidamente salta del sofá a darse un baño y arreglarse. Yo hago lo mismo.

Estamos emocionados, pero no sabemos qué esperar.

A los pocos minutos llega José y bajamos a la entrada del edificio. Al ingresar al carro él nos recibe diciendo una frase en broma.

José: **A los tiempos**.

Entiendo la ironía, pues habíamos compartido el día anterior en la reunión. Sonrío y lo saludo. Disfruto que jueguen de esta forma con el idioma y nos obliguen a estar atentos. Nosotros tratamos de hacer lo mismo en inglés con ellos y todos aprendemos cada minuto algo nuevo. Al llegar a la casa de José comienza la aventura.

José: Hemos preparado algo especial para nuestros nuevos amigos.

Martha: Estamos muy agradecidos por la invitación.

Yo: Aquí traemos esta botella de vino de obsequio.

Laura: Muchas gracias. Ya siéntense en la mesa, todo está de servir.

Martha se ofrece a ayudar a Laura, pero ella se niega diciendo que los invitados no están para servir. Mientras esperamos, José comienza a explicarnos los beneficios del **cuy** y lo delicioso que es. Dice que solo lo preparaban en ocasiones especiales y que comerlo en alguna **hueca** era muy costoso. Martha y yo nos veíamos, mientras nuestra expectativa crecía con la historia.

Se acerca Laura con los platos ya servidos, una ensalada muy fresca y unas papas que parecían cocidas al horno. Regresa a la cocina a buscar la carne y lo que trae sobre la bandeja nos deja en silencio. Vemos como un pequeño roedor sin piel cocido sobre la bandeja y no sabemos qué decir. Después de todo el preámbulo, de lo especial del plato, no podíamos poner mala cara y, bueno, la verdad es que el olor era irresistible.

José: Les presento un plato típico de Cuenca, el **cuy**. Mi esposa lo prepara muy bien y como ustedes son los invitados especiales les dejaremos la cabeza hornada, que es la mejor parte.

Yo: ¡Guau! Gracias José (digo incrédulo).

En silencio, comenzamos a comer, mientras nuestros **anfitriones** nos ven orgullosos. Este fue nuestro primer **cuy** y a pesar de la primera impresión, hay que admitir que estaba delicioso. Es así como Martha y yo entendimos que esta aventura cuencana apenas está comenzando.

VOCABULARY

Yanuncay: the name of a river that crosses the city of Cuenca

adentrarse en: to dive into; to go in depth into

cuy (m.): guinea pig. It is also the name of a dish consisting of the animal itself cooked and served with potatoes and salad.

ir a ver: in Ecuador, this expression means to drive around to look for someone to pick them up or to take them somewhere

merienda (f.): snack, though in Ecuador *la merienda* means supper

a los tiempos: you could use this expression to indicate it has been a long time since you last saw someone or did something

hueca (f.): a place that has good food

roedor(a): rodent

el anfitrión, la anfitriona: host(ess)

SUMMARY

Martha and James are two retired foreigners who have moved to Cuenca in search of a pleasant and quiet environment to live in. They got to meet Joseph and Laura at a local cultural exchange meeting and were later invited to their home for a special traditional meal. Although Martha and

James are surprised to discover that the dish consists of a guinea pig, they give it a try and decide that it isn't that bad after all. They realize that this particular cultural shock is just the beginning of a new adventure.

CUESTIONARIO

1. ¿Dónde conocieron a José y Laura?

a) En el supermercado.

b) En una reunión de intercambio cultural.

c) En el centro comercial.

2. ¿Por qué James sonríe cuando José le dice "A los tiempos"?

a) Porque en realidad se habían visto hacía poco tiempo.

b) Porque tenía mucho tiempo sin verse.

c) Porque no entendió la expresión.

3. ¿Qué impresionó a Martha y James al ver de qué se trataba el plato?

a) Que era un roedor horneado.

b) Que creían que era un plato vegetariano.

c) Que no había nada en la bandeja.

4. ¿Por qué José y Laura decidieron preparar cuy?

a) Porque a ellos les gusta.

b) Porque era lo más fácil de cocinar.

c) Porque era un plato especial y típico de la zona.

5. ¿Por qué Martha no pudo ayudar a Laura en la cocina?

a) Porque James le dijo que no lo hiciera.

b) Porque Laura no aceptó su ayuda.

c) Porque Martha se sentía mal.

B
A
A
C
B

MI PRIMERA VEZ EN EL ESTADIO

Fran C., España

Me llamo Marcos y tengo 26 años. Recuerdo perfectamente la primera vez que estuve en un estadio para ver un partido de fútbol. A mí me encantaba jugar al fútbol con mis amigos en cualquier lugar. En la escuela, durante las pausas entre clases. Cuando salíamos de la escuela, también jugábamos en cualquier plaza o espacio abierto. Solo necesitábamos tener un **balón**, poner dos mochilas en cada lado como porterías y ya teníamos todo listo para empezar. Yo no era especialmente **habilidoso**, pero solo queríamos **pasarlo bien**. Entonces no importaba ser mejor o peor, solo disfrutar con los amigos.

Por eso me alegré mucho el día que mi padre me dijo que íbamos a ver un partido de fútbol en el estadio, pero creo que él estaba más contento que yo. Para mí, era una oportunidad más para pasarlo bien con algo relacionado con el fútbol. Para mi padre, era un momento muy especial porque iba a compartir conmigo su gran afición, su principal pasión. La verdad es que, para él, el fútbol (y sobre todo su equipo) era casi una religión. Yo era bastante más tranquilo y tenía menos interés. Un partido de fútbol duraba más o menos noventa minutos y me parecía muy largo, así que solo veía algunos momentos, iba a la cocina a comer algo, salía al jardín, volvía al salón con mi padre y casi siempre el partido estaba todavía en la tele. Veía los últimos minutos con mi padre para saber el resultado y **santas pascuas**.

Tengo que reconocer que, cuando llegó el día de ir a ver el partido en el estadio, yo también estaba muy nervioso. **Íbamos a juego**, llevábamos la misma camiseta de nuestro equipo porque mi padre me la había comprado el día antes. Cuando llegamos a los alrededores del estadio ya había miles de personas. Nunca había visto tanta gente junta.

Dos minutos antes de empezar el partido, los jugadores ya estaban en el campo y el altavoz anunció el **himno**. Casi todos se pusieron de pie y levantaron sus manos y sus bufandas. Empezaron a cantar y yo **estaba con la boca abierta**. Las voces de la gente se podían oír tanto como la música de la megafonía del estadio. A veces, la megafonía quedaba en silencio y solo se oía el canto de los aficionados.

El partido comenzó. Yo todavía no podía creer el ritual increíble que había visto. Entonces, mi padre y yo nos concentramos en el juego. De vez en cuando hacíamos comentarios: "Papá, parece que el ritmo es un poco lento, ¿no?". Mi padre me respondía: "Sí, tranquilo, los primeros minutos son así. Poco a poco se hará más interesante". Sin embargo, el partido estaba llegando al tiempo de descanso y no ocurría nada. Yo volví a preguntar: "Oye, papá, ¿cuándo empieza lo interesante?". Mi padre, un poco enfadado, dijo: "Ten paciencia, esto es fútbol y tiene su táctica".

La segunda parte del partido empezó, pero todo continuaba igual. En algunos momentos, tuve ganas de dormir otra siesta, pero mi padre me tocaba el brazo para mantenerme despierto. El partido duró noventa minutos, como todos, pero para mí fueron cinco horas. Resultado final: cero a cero. Había sido un **tostón**. Cuando salíamos del estadio, ya había olvidado la sensación de emoción y solo pensaba: "Por favor, no quiero volver a ver esto nunca más". Afortunadamente, esto no fue así. Mi padre me llevó al estadio muchas más veces, vi grandes partidos con él y me transmitió el amor por el fútbol y por nuestro club.

Han pasado más o menos quince años. Hoy es domingo y voy al estadio en mi propio coche, pero no voy a ver el partido. Voy a jugarlo. Soy futbolista profesional en el equipo de nuestro corazón. Sé que mi padre estará en su asiento, como siempre, para cantar el **himno** y dar fuerza al club, pero, sobre todo, para animarme y aplaudirme. Y yo siempre le daré las gracias por mostrarme que el fútbol es un deporte maravilloso.

VOCABULARY

balón (m.): ball

habilidoso(a): skilled

pasarlo bien: to have fun or to enjoy an activity

santas pascuas: an expression used to say that a matter is settled or complete

ir a juego: to wear matching outfit(s) or to match e.g. *Los zapatos tienen que ir a juego con los pantalones.*

himno (m.): anthem

estar con la boca abierta: to be open-mouthed, surprised, or speechless

tostón (m.): a bore or drag

SUMMARY

Marcos enjoyed playing football with his school friends as a kid, but he wasn't as obsessed with the sport as his father was. He had watched a few matches on TV with his father, but he usually left the couch to do something else. The first time his father brought him to watch a match at the stadium, Marcos wasn't very happy with how the game turned out. He thought it was a bore and that the pace was too slow. Fast forward to about 15 years later, however, Marcos is now a professional football player. His father's passion for football has rubbed off on him after all!

CUESTIONARIO

1. A Marcos no le gustaba mucho jugar al fútbol cuando era un niño:

a) Verdadero.

b) Falso.

2. ¿Qué hacía Marcos cuando veía los partidos en la tele con su padre?

a) Estaba todo el partido muy nervioso junto a él.

b) Solo veía el principio y el final, el resto del tiempo se iba a hacer otras cosas.

c) No mostraba ningún interés en los partidos.

3. ¿Cómo se sentía Marcos antes de ir a su primer partido en el estadio?

a) Impresionado.

b) Emocionado.

c) Nervioso.

4. ¿Por qué Marcos no estaba muy contento al final del partido?

a) Porque fue un partido muy aburrido y sin goles.

b) Porque su equipo perdió.

c) Porque su padre se enfadó durante el partido.

5. Marcos es futbolista profesional porque…

a) Su padre le ha transmitido la pasión por el fútbol.

b) Lo decidió el día que vio su primer partido en el estadio.

c) Siempre ha sido su sueño desde que jugaba con sus amigos.

B
B
C
A
A

¡HURRA!

Whew… you've made it to the end of the book! ¿Qué tal si hacemos una breve entrevista?

What's your favorite…

Story?

Cultural element?

Slang?

Did you make lots of notes?

To be sure you are getting the most out of this book, I've been tasked to provide you with a few tips on the next possible steps.

1. Bravo on finishing the stories. ¡¡¡Te mereces una celebración!!!

2. Feel free to go back and go through the stories one by one again- hold it! I see your reaction, but please allow me to explain – each of the stories presents a view into the richness of a Spanish-speaking country's culture and slang. Rereading them might allow you to discover something new. You'd

be surprised at what you've overlooked in the first place!

3. Revise your notes! Get the slang and new vocabulary ingrained into your system by repetition.

4. If you believe you've had a complete and well-rounded reading experience with this book and would like to move on to the next, I hope I'll get to see you there. Congratulations once again!

RECETARIO

RECETA DE LLAPINGANCHO

Porciones: 8-10 llapingachos.

INGREDIENTES:

- 4 papas grandes peladas y cortadas en trozos medianos.
- ½ taza de cebolla blanca finamente picada.
- 2 cucharadas de aceite de achiote.
- 1 taza de queso fresco en trozos pequeños (queso bajo en sal).
- Sal al gusto.

PARA SERVIR CON:

Chorizo, huevo frito, salsa criolla (curtido de cebolla y tomate en tiras), salsa de maní, ají criollo, aguacate.

PROCEDIMIENTO:

1. Hierve las papas en una olla con agua y sal hasta que estén bien cocidas; una vez listas, haz un puré.

2. En una sartén coloca solo un poco de aceite de achiote y sofríe la cebolla blanca hasta que esté cocida (unos 3 minutos).

3. Una vez cocida, agrega la cebolla al puré de papas, incluye sal al gusto y el achiote restante para dar color.

4. Mezcla todo hasta que tenga un color uniforme y deja reposar por unos minutos.

5. Cuando esté a una temperatura que puedas manipular sin quemarte las manos, con una pequeña bola de puré crea una especie de cesta en la que colocarás el queso, para luego cerrarla y que quede atrapado en el centro.

6. Aplasta un poco la bola de papa y repite el proceso con todo el puré.

7. Refrigera unos 15 minutos, retira y dóralos en una sartén.

8. Sirve y disfruta.

RECETA DE GUAGUAS DE PAN

Porciones: 10-12 guaguas de pan.

INGREDIENTES:

- 4 tazas de harina.
- 4 huevos.
- ½ taza de azúcar.
- ¼ cucharada de levadura.
- ½ taza de leche tibia.
- 2 cucharaditas de sal.
- 1 cucharadita de canela.
- ½ taza de mantequilla.
- 1 cucharadita de esencia de vainilla.
- Ralladura de 1 naranja.
- Grageas de colores y elementos decorativos.

PARA SERVIR CON:

Colada morada.

PROCEDIMIENTO:

1. Disuelve la levadura en la leche y agrega un poco de azúcar para activarla.

2. En un envase, coloca la harina mezclada con la sal, agrega los 4 huevos, la mantequilla, el azúcar, la canela y la vainilla.

3. Mezcla un poco y procede a agregar la levadura y la ralladura de naranja.

4. Incorpora todos los elementos hasta que quede una masa homogénea y suave. Considera agregar más harina si la masa está pegajosa o leche si está muy seca.

5. Al lograr la textura, forma una bola con la masa. Cúbrela y déjala reposar en un lugar cálido por al menos 2 horas.

6. Forma una bola con la masa, cubre y deja leudar en un lugar cálido hasta que el volumen de la masa se haya duplicado, aproximadamente 2 horas.

7. Usa una cartulina o cartón cortado previamente con forma de "guagua" para dar forma a tus panes, decora con las grageas y deja leudar por 20 minutos.

8. Lleva tus panes al horno de 15 a 20 minutos a 350°F y disfruta.

Help us improve

Enjoyed the book? Your thoughts mean a lot to us and we'd really appreciate it if you could please take a brief moment to drop us a review on Amazon. We go through every single feedback and we're always looking to retain what works for Spanish learners and change what doesn't. Thank you for picking up this book and we wish you the very best in your language learning journey!

LEARN SPANISH THE NONTRADITIONAL WAY

Are you a nontraditional learner? Does an autonomous approach to language learning sound more appealing to you?

Join us in learning Spanish the nontraditional way in this workbook!

Meet the Lovely Contributors

Araceli L. has lived her whole life in Peru. She is passionate about her country and culture. She works in tourism and translation, and she likes to tell stories inspired by her travels.

Ariadna Abril is from Argentina. A fan of cats and food, she also dreams to become the protagonist of her own fantasy saga because … who knows, perhaps the next day she'll discover that she has magical powers.

E. Morfin de la Parra is from Mexico City and has lived there his entire life. He studied Economics and Finance but now he is dedicated to writing. It is safe to say he is a decent juggler. Nobody believes he's Mexican because he's tall and blond.

Fran C. is from Granada, Spain. He can be a bit obsessed with soft drinks (working to overcome that). He doesn't do *siestas*, nor does he go to bed early. For him, spending an hour a day reading the newspapers is a must.

Helena M. is from Barcelona, Spain. She is into fantasy hair color and she looks after two cats!

Jess H. is from Venezuela but she's lived in Ecuador for about 4 years now. She loves travelling and getting to know the other cultures. The change of her country has forced her to leave her comfort zone and though it was hard at first, today she must say that she is grateful for the experience.

Marta H. (Momo) is from Andalusia, Spain. She is big on languages and is currently learning Japanese. She's also a serious grammar police- so careful how you write!

Nicolas M. is from Bogotá, Colombia. He plays amateur soccer and enjoys cold weather. When he is reading, he likes to have music playing in the background!

Paola Valencia is from Maracaibo, Venezuela. She has been a passionate reader since the first time she opened a book. Mom of a cat and a small garden. She writes poetry in her free time.

Meet the Editors
(and the family's rascal)

Chris spent the first 16 years of his life in Ecuador before moving to Canada. He claims to love snow but now and then you will still hear him whine about the winter. When he is not working as a tourist guide, you can typically find him volunteering at the local animal shelter.

Ada grew up on a farm in Canada and till this day continues to reside there. She used to be an English teacher but now she works as an online tutor. When she is not travelling with Chris, she can usually be found volunteering for immigrants or newcomers to Canada.

Carrot is the llama that's been bugging you all through this book. Like Chris' Spanglish, hers also tends to get on people's nerves. She is happily named after her most favorite snack. When she is not guiding readers, you bet she is crunching on carrots in the backyard.

THANK YOU FOR PICKING UP THIS BOOK,

SEE YOU IN THE NEXT ONE!

¡¡VIVA EL ESPAÑOL!!

www.ingramcontent.com/pod-product-compliance
Lightning Source LLC
Chambersburg PA
CBHW080913190726
48294CB00009B/2070

* 9 7 8 1 7 7 8 0 2 7 8 0 2 *